Cornelia Mack – *Immerwährender Adventskalender*

SCM

Stiftung Christliche Medien

SCM ist ein Imprint der SCM Verlagsgruppe, die zur
Stiftung Christliche Medien gehört, einer gemeinnützigen
Stiftung, die sich für die Förderung und Verbreitung christlicher
Bücher, Zeitschriften, Filme und Musik einsetzt.

© 2021 SCM Verlag in der SCM Verlagsgruppe GmbH
Max-Eyth-Straße 41 · 71088 Holzgerlingen
Internet: www.scm-verlag.de; E-Mail: info@scm-verlag.de

Die Bibelverse wurden folgender Ausgabe entnommen:
Lutherbibel, revidiert 2017, © 2016 Deutsche Bibelgesellschaft, Stuttgart

Gestamgestaltung: Miriam Gamper-Brühl, Essen, 3kreativ.de
Titelbild: © Shutterstock/Marian Weyo
Illustrationen: © Shutterstock/Anastasiia Veretennikova
Druck und Verarbeitung: dimograf
Gedruckt in Polen
ISBN 978-3-7893-9879-7
Bestell-Nr. 629.879

Cornelia Mack

Immerwährender Adventskalender

Ein Begleiter
durch die gesamte
Adventszeit

Inhaltsübersicht

Vorwort

Es ist wieder Advent. Immer eine besondere Zeit im Jahr,
für manche die schönste. Jedes Jahr entdecke ich etwas Neues.
Dieser Adventskalender will uns mitnehmen auf eine
spannende Reise. Und der Advent hat viel zu bieten:
Viele Tage haben eine besondere Bedeutung.

Manche Tage erinnern an Märtyrer der frühen Christenheit.
Meistens wurde ihr Todestag zum Gedenktag. Weil ihr Leben
im Glauben und ihr Weg in die himmlische Herrlichkeit,
also ihr Sterben, beeindruckend waren, haben Menschen sich
später noch gerne an sie erinnert. Dies hat sich dann häufig in
besonderen Bräuchen niedergeschlagen – zum Beispiel in
speziellem Gebäck, manchmal auch in besonderen Ritualen.
Sich daran zu erinnern und so den Advent bewusst zu gestalten,
kann etwas Wunderschönes und zugleich Besinnliches sein.
Und es wird sich mit unserem persönlichen Leben
im Glauben verbinden.

So lädt dieser Adventskalender zu einem Weg
durch den Advent ein. Er macht Station bei Märtyrern,
erklärt den Ursprung mancher Bräuche und nähert sich
anderen adventlichen Themen. Er beginnt mit dem
25. November, dem Katharinen-Tag, früher offizieller Beginn
der Adventszeit. Er führt durch 40 Tage bis zum 6. Januar.
Der Weihnachtsfestkreis des Kirchenjahres endet allerdings erst
am 2. Februar, an Lichtmess.

Ich wünsche allen Lesern und Leserinnen viel Freude auf dem
Weg durch den Advent und die Weihnachtstage, spannende
Entdeckungen, manche Aha-Erlebnisse und jedes Jahr neue
Vorfreude. Und das Wichtigste: eine gesegnete Adventszeit.

Cornelia Mack

Gott will zu uns kommen

Eine Frau erfuhr, dass Gott zu ihr kommen wollte. Sie war plötzlich sehr aufgeregt. „Zu mir?", rief sie. „In mein Haus?" Sie rannte durch alle Zimmer, sie kletterte zum Dachboden hinauf, sie stieg in den Keller hinunter. Sie sah ihr Haus mit anderen Augen. „Unmöglich!" rief sie. „In diesem Dreckstall kann man keinen Besuch empfangen. Alles schmutzig. Alles voller Gerümpel. Kein Platz zum Ausruhen. Keine Luft zum Atmen."
Sie riss Fenster und Türen auf. „Freunde! Freundinnen", rief sie. „Helft mir aufräumen – irgendwer! Aber schnell!"
Sie begann ihr Haus zu kehren. Durch dicke Staubwolken sah sie, dass ihr tatsächlich jemand zu Hilfe gekommen war. Sie schleppten miteinander das Gerümpel vors Haus, schlugen es klein und verbrannten es. Sie schrubbten Stiegen und Böden. Sie brauchten viele Kübel Wasser, um die Fenster zu putzen. Und immer noch klebte der Dreck an allen Ecken und Enden.
„Das schaffen wir nie!", schnaufte die Frau.
„Das schaffen wir!", sagte der andere.
Sie plagten sich den ganzen Tag. Als es Abend geworden war, gingen sie in die Küche und deckten den Tisch. „So", sagte die Frau, „jetzt kann er kommen, mein Besuch! Jetzt kann Gott kommen. Wo er nur bleibt?" – „Aber ich bin doch schon die ganze Zeit da!", sagte der andere und setzte sich an den Tisch. „Komm und iss mit mir!"

nach Willi Hofsümmer

1. Advent – Der König kommt

„Du, Tochter Zion, freue dich sehr, und du,
Tochter Jerusalem, jauchze! Siehe, dein König kommt zu dir,
ein Gerechter und ein Helfer, arm und reitet auf einem Esel,
auf einem Füllen der Eselin.

Sacharja 9,9

Der König der Welt kommt zu uns. Wir sind ihm so wichtig, dass er sich auf den Weg zu uns macht. Das ist das Thema des heutigen Sonntags.

Von diesem König Jesus erzählt die Geschichte von seinem Einzug in Jerusalem (z.B. in Matthäus 21,1-11). Die Menschen jubelten Jesus zu. Sie begrüßten ihn als Messias-König. Sie winkten mit Palmzweigen. Dabei riefen sie „Hosianna", übersetzt „Herr, erbarme dich...". Dies war ein Ruf an den kommenden Messias.
Der Prophet Sacharja sah das schon voraus: Der Messias wird nicht wie ein kriegerischer Herrscher auf einem Pferd in die Stadt einreiten, sondern auf einem Esel. Dies war das Reittier der Propheten und auch der judäischen Könige, wenn sie zur Inthronisierung in Jerusalem einzogen.
Mit „Tochter Zion" ist übrigens zunächst Jerusalem auf dem Berg Zion gemeint, darüber hinaus aber das ganze Volk Israel. Als Christen können wir wissen: In diese Verheißung des Propheten Sacharja sind alle mit eingeschlossen, die zu Jesus gehören und auf ihn und sein Kommen warten.

Wenige Tage nach seinem Einzug in Jerusalem war wieder eine große Volksmenge wegen Jesus in Bewegung und Aufruhr. Dieses Mal riefen sie aber nicht „Hosianna", sondern „Kreuzige ihn".

So verschieden haben Menschen auf Jesus reagiert. Für die einen war er König, Helfer, Messias, Erlöser, für die anderen war er ein Ärgernis, das verachtet wurde und darum beseitigt werden musste.

Advent bedeutet Ankunft. Jesus, der König will auch zu uns kommen. Wir können unsere Herzenstüren für ihn öffnen, für sein Reden in unser Leben hinein. Für all die Schätze, die er mitbringt. Frieden, Barmherzigkeit, Heil, Leben, Freude, Glück.

Matthäus 21,1-11

Als sie nun in die Nähe von Jerusalem kamen, nach Betfage an den Ölberg, sandte Jesus zwei Jünger voraus und sprach zu ihnen: Geht hin in das Dorf, das vor euch liegt. Und sogleich werdet ihr eine Eselin angebunden finden und ein Füllen bei ihr; bindet sie los und führt sie zu mir! Und wenn euch jemand etwas sagen wird, so sprecht: Der Herr bedarf ihrer. Sogleich wird er sie euch überlassen.

Das geschah aber, auf dass erfüllt würde, was gesagt ist durch den Propheten, der da spricht (Sacharja 9,9): „Sagt der Tochter Zion: Siehe, dein König kommt zu dir sanftmütig und reitet auf einem Esel und auf einem Füllen, dem Jungen eines Lasttiers."

Die Jünger gingen hin und taten, wie ihnen Jesus befohlen hatte, und brachten die Eselin und das Füllen und legten ihre Kleider darauf, und er setzte sich darauf.

Aber eine sehr große Menge breitete ihre Kleider auf den Weg; andere hieben Zweige von den Bäumen und streuten sie auf den Weg.

Das Volk aber, das ihm voranging und nachfolgte, schrie und sprach: Hosianna dem Sohn Davids! Gelobt sei, der da kommt in dem Namen des Herrn! Hosianna in der Höhe!

Und als er in Jerusalem einzog, erregte sich die ganze Stadt und sprach: Wer ist der? Das Volk aber sprach: Das ist der Prophet Jesus aus Nazareth in Galiläa.

Macht hoch die Tür

Dieses Lied hat Georg Weissel geschrieben, der Pfarrer der Stadt Königsberg. Es gab dort ein Armenhaus. Dessen Bewohner waren nicht nur arm, manche waren auch krank und andere schon sehr betagt. Viele von ihnen gingen gerne sonntags in den Gottesdienst. Dafür nutzten sie einen Wiesenweg. Dieser grenzte direkt an das Haus von Herrn Sturgis, einem sehr reichen Mann. Er ärgerte sich jedes Mal über die armen, zerlumpten Gestalten. So beschloss er kurzerhand, die Wiese zu kaufen und ließ sie einzäunen. Und somit war auch der Weg verschlossen. Viele baten Herrn Sturgis, wenigstens das Tor wieder zu öffnen. Doch Herr Sturgis blieb stur. Und dann kam der Advent 1623. Für das alljährliche Kurrendesingen hatte Georg Weissel ein neues Lied gedichtet. Er wollte, dass dies auf jeden Fall auch bei Herrn Sturgis gesungen würde. Und so kam es, dass der kleine Chor vor dem mit einem großen Tor verschlossenen Wiesengrundstück Position bezog. Die erste Strophe erklang:

Macht hoch die Tür, die Tor macht weit;
es kommt der Herr der Herrlichkeit,
ein König aller Königreich, ein Heiland aller Welt zugleich,
der Heil und Leben mit sich bringt;
derhalben jauchzt, mit Freuden singt:
Gelobet sei mein Gott, mein Schöpfer reich von Rat.

Herr Sturgis kam heraus. Er liebte die Lieder von Pfarrer Weissel. Neugierig hörte er zu, auch bei der nächsten Strophe.

Er ist gerecht, ein Helfer wert; Sanftmütigkeit ist sein Gefährt,
sein Königskron ist Heiligkeit, sein Zepter ist Barmherzigkeit;
all unsre Not zum End er bringt,
derhalben jauchzt mit Freuden singt:
Gelobet sei mein Gott, mein Heiland groß von Tat.

Barmherzig war Herr Sturgis wahrlich nicht gewesen mit seiner Aktion: „Macht zu das Tor". Pfarrer Weissel sprach dies an: „Jesus sagt: ‚Was ihr einem der ärmsten und schwächsten Menschen getan habt, das habt ihr auch mir getan'. Und wenn Ihr, Herr Sturgis, das Tor eures Wiesengrundstückes zusperrt, weil Ihr die Armen und Kranken nicht sehen wollt, dann versperrt Ihr euer Herz auch vor Jesus, dem Kind in der Krippe und dem König aller Könige." Kaum hatte der Pfarrer zu Ende gesprochen, da fing der Chor wieder an zu singen.

O wohl dem Land, o wohl der Stadt, so diesen König bei sich hat.
Wohl allen Herzen insgemein, da dieser König ziehet ein.
Er ist die rechte Freudensonn,
bringt mit sich lauter Freud und Wonn.
Gelobet sei mein Gott, mein Tröster früh und spat.

Macht hoch die Tür, die Tor macht weit,
eu'r Herz zum Tempel zubereit'.
Die Zweiglein der Gottseligkeit steckt auf
mit Andacht Lust und Freud;
so kommt der König auch zu euch, ja, Heil und Leben mit zugleich.
Gelobet sei mein Gott, voll Rat, voll Tat, voll Gnad.

Komm, o mein Heiland Jesu Christ, meins Herzens Tür dir offen ist.
Ach zieh mit deiner Gnade ein;
dein Freundlichkeit auch uns erschein.
Dein Heilger Geist uns führ und leit den Weg zur ewgen Seligkeit.
Dem Namen dein, o Herr, sei ewig Preis und Ehr.

Bei der dritten Strophe fing Herr Sturgis zu weinen an. Er nahm seinen großen Schlüsselbund aus der Hosentasche und schloss die Tore auf. Und sie blieben von da an immer offen.

2. Sonntag im Advent – Erlösung

„Seht auf und erhebt eure Häupter,
weil sich eure Erlösung naht."

Lukas 21,28

Die Bibel zeigt an vielen Stellen: Jesus kommt wieder am Ende aller Zeiten und macht alles neu. Von allem, was uns heute und hier noch beschwert, wird Jesus uns spätestens dann befreien und erlösen. Das kann ein großer Trost sein.

Texte, die an diesem Sonntag bedacht werden, haben die Erwartung auf den kommenden Herrn zum Thema. Das Ausgerichtetsein auf ihn verändert unseren Alltag. Manches, was jetzt bewegt, was groß und schwer erscheint, relativiert sich. Prioritäten verschieben sich. Was uns heute wichtig vorkommt, kann im Licht des wiederkommenden Christus anders aussehen, weniger drängend, möglicherweise auch leichter.

„Erlösung" – darin steckt das Wort „los", also von etwas gelöst oder befreit werden. Das meint die Bibel, wenn sie von Erlösung spricht. Vieles was uns hier belastet oder verwirrt, was uns kränkt oder beschwert, werden wir los sein, wenn Jesus am Ende der Zeit sein neues Reich aufrichtet.

Aber nicht erst dann können wir Erlösung erleben. Von manchem werden wir schon jetzt und hier befreit, wenn wir Jesus in unser Leben einladen, so zum Beispiel von Schuld und Verletzungen. Dafür bietet Jesus uns Vergebung und Heilung an. Auch Angst und Sorge verlieren ihre Macht, wenn wir Jesus die Macht in unserem Herzen einräumen. Anderes wird sich erst lösen, wenn Jesus wiederkommt: Kriege und Katastrophen, Krankheiten und Tod.

Aber innerlich ausrichten können wir uns jeden Tag und jederzeit auf diesen kommenden Herrn. Dann brennt in uns das Licht der Erwartung und der Liebe zu ihm. Dann sind wir jederzeit für ihn bereit.

Matthäus 25,1-13

Dann wird das Himmelreich gleichen zehn Jungfrauen, die ihre Lampen nahmen und gingen hinaus, dem Bräutigam entgegen. Aber fünf von ihnen waren töricht und fünf waren klug. Die törichten nahmen ihre Lampen, aber sie nahmen kein Öl mit.
Die klugen aber nahmen Öl mit in ihren Gefäßen, samt ihren Lampen. Als nun der Bräutigam lange ausblieb, wurden sie alle schläfrig und schliefen ein. Um Mitternacht aber erhob sich lautes Rufen: Siehe, der Bräutigam kommt! Geht hinaus, ihm entgegen! Da standen diese Jungfrauen alle auf und machten ihre Lampen fertig. Die törichten aber sprachen zu den klugen: Gebt uns von eurem Öl, denn unsre Lampen verlöschen. Da antworteten die klugen und sprachen: Nein, sonst würde es für uns und euch nicht genug sein; geht aber zu den Händlern und kauft für euch selbst.
Und als sie hingingen zu kaufen, kam der Bräutigam; und die bereit waren, gingen mit ihm hinein zur Hochzeit, und die Tür wurde verschlossen. Später kamen auch die andern Jungfrauen und sprachen: Herr, Herr, tu uns auf!
Er antwortete aber und sprach: Wahrlich, ich sage euch: Ich kenne euch nicht. Darum wachet! Denn ihr wisst weder Tag noch Stunde.

Mit Öl oder ohne Öl

*Das Öl in der Lampe ist wie Hoffnung
und Erwartung in der Seele.
Ohne Öl im Leuchter meiner Seele
bin ich nur mit mir selbst beschäftigt.
Mit Öl im Leuchter meiner Seele
bin ich innerlich wachsam.
Ohne Öl im Leuchter meiner Seele
geht es mir nur um meine Bedürfnisse.
Mit Öl im Leuchter meiner Seele
steht der kommende Herr im Vordergrund.
Ohne Öl im Leuchter meiner Seele
schreien nur eigene Wünsche nach Erfüllung.
Mit Öl im Leuchter meiner Seele
höre ich mit meinem Herzen auf den Herrn.
Ohne Öl im Leuchter meiner Seele
stumpfe ich innerlich ab
Mit Öl im Leuchter meiner Seele
wächst die Vorfreude täglich.
Ja Herr, komme bald.*

Gebet

Auf dein Kommen warten wir.
Am Ende der Zeit wirst du erscheinen in großer Herrlichkeit.
Danach sehnen wir uns so sehr.
So viele Fragen sind noch offen,
so viel Leid geschieht noch in dieser Welt,
so viele dunkle Wolken sind noch am Horizont.
Wenn du kommst, machst du alles neu.
Wenn du kommst,
werden alle Tränen von unseren Augen abgewischt.
Wenn du kommst, lösen sich die Knoten unseres Lebens
in deiner Liebe auf.
Darum warten wir auf dich und bitten, komme bald.
Wir freuen uns so sehr darauf.

Wachet auf

„Wachet auf", ruft uns die Stimme,
der Wächter sehr hoch auf der Zinne,
„wach auf du Stadt Jerusalem!
Mitternacht heißt diese Stunde",
sie rufen uns mit hellem Munde:
„Wo seid ihr klugen Jungfrauen?
Wohlauf der Bräut'gam kommt,
steht auf, die Lampen nehmt.
Halleluja! Macht euch bereit zu der Hochzeit,
ihr müsset ihm entgegengehn".

Zion hört die Wächter singen,
das Herz tut ihr vor Freude springen,
sie wachet und steht eilend auf.
Ihr Freund kommt vom Himmel prächtig,
von Gnaden stark, von Wahrheit mächtig,
ihr Licht wird hell, ihr Stern geht auf.
Nun komm, du werte Kron, Herr Jesu, Gottes Sohn.
Hosianna! Wir folgen all zum Freudensaal
und halten mit das Abendmahl.

Gloria sei dir gesungen
mit Menschen- und mit Engelzungen,
mit Harfen und mit Zimbeln schön.
Von zwölf Perlen sind die Tore
an deiner Stadt; wir stehn im Chore
der Engel hoch um deinen Thron.
Kein Aug hat je gespürt, kein Ohr hat mehr gehört
solche Freude. Des jauchzen wir und singen dir
das Halleluja für und für.

Philipp Nicolai (EG 147)

3. Sonntag im Advent – Umkehr

Bereitet dem Herrn den Weg,
denn siehe, der Herr kommt gewaltig.

(Jesaja 40,3.10)

An diesem Sonntag denken wir besonders an Johannes, den Täufer und Bußprediger. Er lebte als Einsiedler in der Wüste. Schon sein Äußeres war auffällig, er trug einen Kamelhaarmantel, aß Heuschrecken und gelegentlich beschimpfte er seine Zuhörer. Viele dachten, er sei der erwartete Messias. Manche gingen möglicherweise aus reiner Neugier und Sensationslust zu ihm. Doch dabei blieb es dann meistens nicht. Viele wurden von seinen Worten bis ins Mark getroffen. Er verkündigte den Anbruch des Reiches Gottes. Darum rief er mit starken Worten und großer Dringlichkeit zur Umkehr. Die Menschen erschraken, sie erkannten ihren falschen Lebenswandel. Sie taten Buße und änderten ihr Leben.

Buße tun, Umkehren kann schwierig sein. Davon wollen wir oft nichts hören. Und tatsächlich ist es ja auch mühsam, einen Weg zurückzugehen, den wir schon gegangen sind. Es kann peinlich oder demütigend sein, Fehler oder Unrecht eingestehen zu müssen. Manchmal ist auch eine Entschuldigung oder Bitte um Versöhnung nötig. Das löst oft auch unangenehme Empfindungen bei uns aus. Aber Umkehren und Buße tun kann auch unendlich befreiend sein, denn es macht uns von Lasten frei. Wir können Altes hinter uns lassen. Wir dürfen noch einmal neu beginnen.
Die ursprüngliche Bedeutung des Wortes „Buße" im Hebräischen ist Antwort. Wir können also antworten auf eine Anfrage Gottes und uns ihm zuwenden. Zu ihm können wir kommen, wie wir sind, aber wir müssen nicht bleiben, wie wir sind. Welche Befreiung. Welche Chance.

Die Menschen, die damals Johannes hörten, waren tief betroffen. Sie fragten ihn nach konkreten Formen der Umkehr. Sie wollten ihr Leben ändern und ihrer Buße auch Taten folgen lassen.

Der Advent ist in seiner ursprünglichen Bedeutung Bußzeit und Fastenzeit. So können wir uns ähnliche Fragen stellen: Wo will Gott etwas bei mir verändern? Wo ist Umkehr nötig? Welchen neuen Weg möchte Gott mir eröffnen?

Das Wirken Johannes des Täufers in Lukas 3,1-18

Im fünfzehnten Jahr der Herrschaft des Kaisers Tiberius, als Pontius Pilatus Statthalter in Judäa war und Herodes Landesfürst von Galiläa und sein Bruder Philippus Landesfürst von Ituräa und der Landschaft Trachonitis und Lysanias Landesfürst von Abilene, als Hannas und Kaiphas Hohepriester waren, da geschah das Wort Gottes zu Johannes, dem Sohn des Zacharias, in der Wüste.

Und er kam in die ganze Gegend um den Jordan und predigte die Taufe der Buße zur Vergebung der Sünden, wie geschrieben steht im Buch der Reden des Propheten Jesaja (Jesaja 40,3-5): »Es ist eine Stimme eines Predigers in der Wüste: Bereitet den Weg des Herrn und macht seine Steige eben! Alle Täler sollen erhöht werden, und alle Berge und Hügel sollen erniedrigt werden; und was krumm ist, soll gerade werden, und was uneben ist, soll ebener Weg werden. Und alle Menschen werden den Heiland Gottes sehen.«

Da sprach Johannes zu der Menge, die hinausging, um sich von ihm taufen zu lassen: Ihr Schlangenbrut, wer hat denn euch gewiss gemacht, dass ihr dem künftigen Zorn entrinnen werdet? Seht zu, bringt rechtschaffene Früchte der Buße; und nehmt euch nicht vor zu sagen: Wir haben Abraham zum Vater. Denn ich sage euch: Gott kann dem Abraham aus diesen Steinen Kinder erwecken. Es ist schon die Axt den Bäumen an die Wurzel gelegt; jeder Baum, der nicht gute Frucht bringt, wird abgehauen und ins Feuer geworfen.

Und die Menge fragte ihn und sprach: Was sollen wir denn tun? Er antwortete und sprach zu ihnen: Wer zwei Hemden hat, der gebe dem, der keines hat; und wer zu essen hat, tue ebenso.
Es kamen auch die Zöllner, um sich taufen zu lassen, und sprachen zu ihm: Meister, was sollen denn wir tun? Er sprach zu ihnen: Fordert nicht mehr, als euch vorgeschrieben ist!
Da fragten ihn auch die Soldaten und sprachen: Was sollen denn wir tun? Und er sprach zu ihnen: Tut niemandem Gewalt oder Unrecht und lasst euch genügen an eurem Sold!

Als aber das Volk voll Erwartung war und alle dachten in ihren Herzen von Johannes, ob er vielleicht der Christus wäre, antwortete Johannes und sprach zu allen: Ich taufe euch mit Wasser; es kommt aber einer, der ist stärker als ich, und ich bin nicht wert, dass ich ihm die Riemen seiner Schuhe löse; der wird euch mit dem heiligen Geist und mit Feuer taufen.
In seiner Hand ist die Worfschaufel, und er wird seine Tenne fegen und wird den Weizen in seine Scheune sammeln, die Spreu aber wird er mit unauslöschlichem Feuer verbrennen.
Und mit vielem andern mehr ermahnte er das Volk und verkündigte ihm das Heil.

Jesus, zu dir kann ich so kommen, wie ich bin

Jesus, zu dir kann ich so kommen, wie ich bin.
Du hast gesagt, dass jeder kommen darf.
Ich muss dir nicht erst beweisen, dass ich besser werden kann.
Was mich besser macht vor dir, das hast du längst am Kreuz getan.
Und weil du mein Zögern siehst, streckst du mir deine Hände hin,
und ich kann so zu dir kommen, wie ich bin.

Jesus, bei dir darf ich mich geben, wie ich bin.
Ich muss nicht mehr als ehrlich sein vor dir.
Ich muss nichts vor dir verbergen, der mich schon so lange kennt.
Du siehst, was mich zu dir zieht, und auch,
was mich von dir noch trennt.
Und so leg ich Licht und Schatten meines Lebens vor dich hin,
denn bei dir darf ich mich geben, wie ich bin.

Jesus, bei dir muss ich nicht bleiben, wie ich bin.
Nimm fort, was mich und andere zerstört.
Einen Menschen willst du aus mir machen, wie er dir gefällt,
der ein Brief von deiner Hand ist, voller Liebe für die Welt.
Du hast schon seit langer Zeit mit mir das Beste nur im Sinn.
Darum muss ich nicht so bleiben, wie ich bin.

Manfred Siebald

4. Sonntag im Advent – Freude

Meine Seele erhebt den Herrn,
und mein Geist freuet sich Gottes, meines Heilandes.

Lukas 1,46-47

Freude ist das Thema des vierten Adventssonntags.
Die Freude der Hirten auf dem Feld,
die Freude der Maria über Gottes Wirken,
die Freude der Weisen über den Stern und das Kind,
die Freude von uns Menschen über Weihnachten.
Freude darüber, dass Gott einen Weg zu uns gebahnt hat
und Vorfreude auf Weihnachten.

Auch der Lobgesang der Maria ist durchzogen von diesem Klang der Freude. Er ist eines der schönsten Lieder einer Frau in der Bibel (Lukas 1,46ff).

Es beginnt mit „Magnificat anima mea", übersetzt „meine Seele erhebt den Herrn". Maria reiht sich damit ein in die Psalmsängerinnen, die Gericht und Gnade verkünden, Hochmut verurteilen und Gottes Größe bestaunen: Seit Abraham ist er von Geschlecht zu Geschlecht barmherzig, das Kleine macht er groß. Nicht die Macht ist entscheidend, sondern Gottes Barmherzigkeit.

Sie, die „niedrige Magd" – so bezeichnet sie sich selbst – erfährt dieses große Geschenk, von Gott begnadet und auserwählt zu sein. Und sie singt davon.

Dieses Lob auf Gott, diese Freude an Gott steht am Anfang eines schweren Weges für Maria. Dieses Lob hilft ihr, auch dunkle und unverständliche Wege zu gehen.

Diese Erfahrung kennen viele: Anbetung Gottes – gerade auch in schweren Zeiten – hilft durch dunkle Wege und in schwer erträglichen Situationen.

Anbetung Gottes richtet unseren Blick auf das Wesentliche.

Dann wird das Herz frei und Gottes Gegenwart macht vieles leichter und schöner.

Lobgesang der Maria (Lukas 1,46-55):
Meine Seele erhebt den Herrn,
und mein Geist freuet sich Gottes, meines Heilandes;
denn er hat die Niedrigkeit seiner Magd angesehen.
Siehe, von nun an werden mich selig preisen alle Kindeskinder.
Denn er hat große Dinge an mir getan,
der da mächtig ist und dessen Name heilig ist.
Und seine Barmherzigkeit währet für und für
bei denen, die ihn fürchten.
Er übt Gewalt mit seinem Arm
und zerstreut, die hoffärtig sind in ihres Herzens Sinn.
Er stößt die Gewaltigen vom Thron
und erhebt die Niedrigen.
Die Hungrigen füllt er mit Gütern
und lässt die Reichen leer ausgehen.
Er gedenkt der Barmherzigkeit
und hilft seinem Diener Israel auf,
wie er geredet hat zu unsern Vätern,
Abraham und seinen Nachkommen in Ewigkeit.

Wo kommt die Freude her?

„Freuet euch in dem Herrn allewege,
und abermals sage ich:
Freuet euch! Der Herr ist nahe.“

(Philipper 4,4.5)

Viele meinen ja, sie könnten sich nur freuen, wenn es ihnen gut geht: alle Probleme gelöst, keine finanziellen oder gesundheitlichen Belastungen, genug zu essen, viele Möglichkeiten zu Spaß und Entspannung, im Frieden mit allen Menschen, die Zukunft geklärt.

Doch dies ist ein großer Trugschluss.

Ein anschaulicher Beweis dafür sind die Sätze aus dem Philipperbrief.

Paulus schreibt sie nicht am Strand unter Palmen oder auf einem Berggipfel mit Rundumblick. Im Gegenteil: Paulus schreibt sie im Lockdown. Festgesetzt im Gefängnis. Möglicherweise in einer dunklen Zelle ohne Tageslicht und Frischluft.

Trotzdem kann sich Paulus freuen. Freude durchzieht den ganzen Philipperbrief.

Dies macht deutlich: Freude und Glück hängen in erster Linie nicht von den äußeren Rahmenbedingungen ab. Der Grund der Freude liegt für Paulus in der Gegenwart von Christus: „Der Herr ist nahe.“

Das können wir in unser Leben aufnehmen. Echte Freude bekommen wir in der Weggemeinschaft mit ihm – auch wenn der Weg durch dunkle Täler hindurchführt. So werden wir auch Trost erleben, sowohl im Rückblick auf schwere Zeiten als auch im Vorausblick auf das Kommende.

Wir sagen euch an den lieben Advent

Wir sagen euch an den lieben Advent.
Sehet, die erste Kerze brennt!
Wir sagen euch an eine heilige Zeit
Machet dem Herrn den Weg bereit.
Freut euch, ihr Christen, freuet euch sehr!
Schon ist nahe der Herr.

Wir sagen euch an den lieben Advent.
Sehet, die zweite Kerze brennt!
So nehmet euch eins um das andere an,
wie auch der Herr an uns getan.
Freut euch, ihr Christen, freuet euch sehr!
Schon ist nahe der Herr.

Wir sagen euch an den lieben Advent.
Sehet, die dritte Kerze brennt!
Nun tragt eurer Güte hellen Schein
weit in die dunkle Welt hinein.
Freut euch, ihr Christen, freuet euch sehr!
Schon ist nahe der Herr.

Wir sagen euch an den lieben Advent.
Sehet, die vierte Kerze brennt!
Gott selber wird kommen, er zögert nicht.
Auf, auf, ihr Herzen, und werdet licht!
Freut euch, ihr Christen, freuet euch sehr!
Schon ist nahe der Herr.

Maria Ferschl 1954 (EG 17)

25. November

Katharinen-Tag

„Kathrein stellt den Tanz ein."
Diese Redewendung macht den besonderen Charakter der nun
kommenden Zeit deutlich. Der heutige Katharinen-Tag war früher
der offizielle Beginn der Advents- und der Fastenzeit, und darum
eben auch eine Zeit ohne Tanz.

Wer war Katharina? Sie lebte um 300 n.Chr., war eine ägyptische
Königstochter und wegen ihrer Schönheit, ihrer Weisheit und wegen
ihres Reichtums weithin bekannt.
Von ihrem zukünftigen Ehemann hatte sie ganz bestimmte Vorstel-
lungen. Er sollte genauso schön, klug und reich sein wie sie. Vereh-
rer hatte sie viele, doch keiner entsprach ihren Erwartungen. Eines
Tages erzählte ihr ein Priester von Jesus Christus. Von seinem Leben, Sterben, seiner Auferstehung und dass man mit ihm in einer
persönlichen Liebesbeziehung stehen kann. Sie war so begeistert da-
von, dass sie von da an Jesus ihr ganzes Leben zur Verfügung stellte.
Dies führte zu einer deutlichen Veränderung ihrer Persönlichkeit:
Sie wurde ein Mensch, der in der Liebe zu Jesus und zu anderen
Menschen lebte.
Als der römische Kaiser Maxentius im Jahr 307 in Alexandrien ein-
zog, verlangte dieser von allen, dass sie seinen Götzen opfern und
diese anbeten sollten. Viele Christen taten das aus Angst vor dem
Kaiser. Katharina geriet darüber in großen Zorn und trat vor den
Thron des Kaisers mit den Worten: „Imperator, deine Götter sind
Trug und eitler Wahn. Auch du, Kaiser, musst eines Tages deine
Knie beugen vor dem einen und einzigen Gott. Was nützen dir dann
deine Götzen?" Überrascht von ihrem Mut und ihrer Schönheit, be-
stellte er sie für den nächsten Tag in den Palast. Dort sollte sie ihren

Glauben vor 50 gelehrten Philosophen rechtfertigen. Katharina sprach so überzeugend, dass sich alle Gelehrten am Ende des Tages zu Christus bekehrten. Der Kaiser war darüber so erbost, dass er alle 50 Philosophen töten ließ. Katharina aber faszinierte ihn. Eines Tages machte er ihr ein Heiratsangebot. Sie aber erklärte ihm, dass sie ihn nicht heiraten könne. Denn sie habe ja Christus ewige Treue gelobt. Diese Zurückweisung erboste den Kaiser sehr. Seine Begeisterung für sie schlug in Hass um. Er ließ sie mit Ketten auf ein Rad flechten und so den Berg hinunterrollen. Unsere Redewendung „Ich fühle mich wie gerädert", kommt von dieser Foltermethode. Katharina aber soll singend in den Tod gegangen sein. Das war für die Zuschauer sehr bewegend. Zum Gedenken an sie backte man „Katharinchen" – das sind bogenförmig ausgestochene Pfefferkuchen. Sie erinnern an die Kettenglieder, mit denen Katharina auf das Rad gebunden wurde. Ihr Todestag, der 25. November, ist auch der Gedenktag der ledigen Frauen. In Erinnerung daran buk man auch Katharinchen in Form einer Frauengestalt, also Lebkuchenfrauen.

Gebet
Herr Jesus,
vor dich trete ich und öffne mein Herz vor dir.
Du siehst wie oft Mutlosigkeit und Feigheit
in meinem Herzen sind.
Oft halte ich mich aus Bequemlichkeit oder
Angst vor Menschen zurück.
Schenke mir eine neue Begeisterung für dich und deinen Willen.
Mache mich zu einem mutigen, herzlichen
und fröhlichen Menschen.
Lass die Liebe zu dir aus meinen Leben herausleuchten.

26. November

Was ist Advent?

Was ist Advent?
Vorweihnachtszeit zwischen Hetze und Kerzenwachs?
Stimmung zwischen Nikolaus und Jingle Bells?
Sehnsucht zwischen Glühwein und Lichterglanz?

Advent ist mehr. Unter der Oberfläche dieser Wochen verbirgt sich das tiefe Geheimnis einer Zeit, das mit Stille und Selbstbesinnung zu tun hat, mit Freude und Verwandlung.

Advent kommt aus dem lateinischen Wort „adventus" und bedeutet *Ankunft.* Gemeint ist die Ankunft von Christus – und zwar in dreifacher Hinsicht.
Natürlich damals seine Ankunft durch seine Geburt in Bethlehem. Darauf gehen wir zu im Advent.
Die zweite Bedeutung meint die Ankunft von Christus am Ende der Zeit. Er wird wiederkommen und alles neu machen. Darauf vorbereitet zu sein, ist die beste Lebensausrichtung. Dies leitet direkt über zur dritten Bedeutung.
Christus will heute und hier bei uns ankommen. Er will mit uns leben. Er will in einer Liebesbeziehung mit uns stehen. Wir dürfen uns täglich die Frage stellen: Wenn Jesus heute wiederkommen würde, würde ich mich freuen? Stehe ich in einer Liebesbeziehung zu ihm?
Früher war die Adventszeit auch *Vorbereitungszeit* für erwachsene Täuflinge, die am 6. Januar (Epiphanias-Fest) getauft wurden. In dieser Zeit wurde gefastet. Nach und nach entwickelte sich daraus – ebenso wie in der Zeit vor Ostern – der Brauch des 40-Tage-Fastens. Wenn wir vom 6. Januar 40 Tage zurückrechnen (die großen Feiertage nicht mitgezählt), landen wir beim Katharinentag, der früher die Fastenzeit einleitete.

Fastenzeit bedeutet, das Leben einmal aus der Distanz zu betrachten. Was wird sein, wenn ich am Ende zurückschaue? Hat mein Leben Sinn, so wie ich es heute lebe? Lebe ich mit den richtigen Prioritäten? Liebe ich Jesus?

In den evangelischen und katholischen Kirchen sind die *Paramente* (Stoffbehänge an Altar und Kanzel) im Advent violett, genau wie in der Passionszeit, der 40-tägigen Fastenzeit vor Ostern.
Violett steht für Leiden, es ist die Farbe der Buße und der Umkehr.

Die Adventszeit war bis vor wenigen Jahren noch eine *stille Zeit:* Ohne Hochzeiten, festliche Musik, ohne Tanz, Pauken und Trompeten.

Der innere Reichtum dieser Zeit hat sich auch in äußerer Gestalt Ausdruck verschafft: Adventskranz und Türkranz, Kerzen und Transparente, Lichterengel und Pyramiden, Adventskalender und Nikolaustag, Zweigeschneiden am Barbara-Tag, Gebäck und Lieder speziell für diese Zeit. All diese Bräuche wollen uns in die Geheimnisse der Adventszeit und in die Begegnung mit Gott hineinführen.

Gebet
Lieber Herr Jesus,
es ist wieder Advent geworden.
Ich freu mich so darüber.
Danke für diese besondere Zeit,
für die vielen schönen Bräuche,
für die Musik und Lieder,
für Kerzenlicht und Zeit zur Besinnung.
Danke, dass du gekommen bist, um uns nahe zu sein.
Danke, dass du wiederkommen wirst am Ende der Zeit,
danke, dass du auch heute in mein Leben kommst.
Ich will jeden Tag dafür bereit sein.

27. November

Wartezeiten

Warten kann manchmal schwierig sein. Aber es hat auch gute Seiten. Manche Lebensmittel entfalten ihren Geschmack erst durch das Warten. Und auch Menschen können reifen durch Wartezeiten. Warten bedeutet ja: Ich hätte etwas gerne, aber ich bekomme es noch nicht. Es dauert noch. Solche Erfahrungen kennen wir zur Genüge. Und wir wissen auch, dass zu einer gesunden Persönlichkeit die Fähigkeit gehört, Wartezeiten auszuhalten. Ein Bedürfnis aufschieben zu können, ist Kennzeichen von reifen Menschen. Diese Fähigkeit nennt man Frustrationstoleranz. Kinder müssen sie sich erst erwerben.

Wenn Erwachsene mit Kindern Wartezeiten bewusst gestalten, dann werden Kinder dem Warten sehr schnell auch etwas Positives abgewinnen können. Gerade die Adventszeit bietet dazu viele Möglichkeiten. Wir gehen eine Wegstrecke miteinander. Wir freuen uns auf den Nikolaustag oder auf Weihnachten. Wir haben Wünsche, aber die Geschenke gibt es nicht sofort, sondern erst an dem jeweiligen Tag. In der Zwischenzeit, in der Wartezeit, ereignet sich trotzdem viel. Zum Beispiel Vorfreude. Ohne Warten gibt es keine Vorfreude. Und es passiert noch mehr: Mit Ritualen gestalten sich innere Themen. Wir beschäftigen uns mit dem, worauf wir uns freuen.

Um das Warten mit Inhalten zu füllen, wurden zum Beispiel auch Adventskalender erfunden. So wie wir sie heute kennen, gibt es diese seit etwa 100 Jahren.
Frühere Ideen waren Adventsbäumchen. Sie wurden geschmückt mit Kerzen und weißen Fähnchen oder Sternen, auf denen Bibelverse standen. An jedem Tag im Advent kamen ein neuer Spruch und eine weitere Kerze dazu. Fritz von Bodelschwingh (1877-1946)

erzählt davon: „Es war, wie wenn aus der Dämmerung ein Sternlein nach dem anderen aufleuchtet, bis der ganze Himmel hell geworden ist. Jedes Sternlein aber strahlt doch nur das Licht der Sonne wider, die aufgehen soll. Und diese Sonne ist das Christkind, in dem das ewige Licht der Welt einen neuen Schein gegeben hat."

Eine neuere Tradition der Adventsgestaltung sind Stationen im Freien. Viele Gemeinden erleben auf diese Weise Gemeinschaft mit Singen, geistlichen Impulsen und Gebeten. So wird im Warten auch das sichtbar und erlebbar, worauf wir warten. Zugleich steigt die Vorfreude. Und der Sinn dieser besonderen Zeit entfaltet sich in vielfältiger Weise.

Gebet
Jesus, wir warten auf dich.
Danke, dass du kommst. Wir freuen uns darauf.
Du kommst in unsere Welt der Lichter und der Feiern.
Und du kommst am Ende der Zeit.

In allem Warten bist du gegenwärtig.
Wir wollen uns immer mehr auf dich ausrichten.
Wir wollen darin das Wichtige vom Unwichtigen unterscheiden.

Wir wollen uns überraschen lassen von deinem Reden.
Überall bist du da – in alten Bräuchen und neuen Formen,
in ermutigenden Gedanken und unerwarteten Begegnungen,
in herausfordernden Texten und im stillen Nachdenken.

Du kommst – gestern, heute, morgen,
immer wieder anders, aber immer in Liebe.
Danke für dein Kommen. Wir freuen uns darüber.

28. November

Der Adventskranz

Kaum ein Haus, in dem heutzutage kein Adventskranz zu finden ist. Darum ist es interessant zu fragen: Wie ist der Adventskranz entstanden?

Johann Hinrich Wichern kam 1932 als Pfarrer nach Hamburg. Zu dieser Zeit herrschte große Not unter der Bevölkerung. Die Arbeitslosigkeit war so hoch, dass für viele nur noch Betteln oder Kriminalität blieb, im schlimmsten Fall der Hungertod. Am meisten hatten die Kinder darunter zu leiden. In manchen Gegenden betrug die Arbeitszeit für Kinder bis zu 15 Stunden täglich. Viele waren verwaist, lebten auf der Straße oder waren krank. Die schlimmen Zustände wühlten Wichern auf. Er begann, gegen das Elend zu kämpfen. Er gründete 1833 auf der Gemarkung „Rauhes Haus" ein Waisenhaus für gestrandete und vernachlässigte Kinder. Sie wurden in familienähnlichen Gruppen erzogen. Viele von ihnen erlebten zum ersten Mal, was Liebe und Geborgenheit bedeuten. Der Tagesablauf war geprägt von einer klaren Struktur, dazu gehörten auch Haus-Andachten mit biblischen Geschichten, gemeinsamem Singen und Beten.
Advent hat mit Freude zu tun, mit Licht und gespannter Erwartung. Um das anschaulich zu zeigen, ließ Wichern im Advent 1838 im Andachtssaal des Rauhen Hauses zum ersten Mal 24 Kerzen auf einen großen Holzreifen von 2 m Durchmesser aufstecken. Große weiße Kerzen für die Sonntage und kleine rote für die Werktage. Beginnend mit dem 1. Advent wurde jeden Tag eine Kerze mehr angezündet. Wichern beschreibt die Begeisterung und Vorfreude der Kinder, die mit dem zunehmenden Licht immer größer wurde.

Die Wände des Saals wurden von ihm und seinen Mitarbeitern mit frischem Grün geschmückt. Im Lauf der Jahre wurde auch der Kranz mit grünen Zweigen verschönert. Damit war der Adventskranz, wie wir ihn heute kennen, „erfunden". Jahre später übernahm Wichern die Leitung des Berliner Waisenhauses in Tegel. Auch dort führte er den Adventskranz ein, doch wurde dabei aus dem großen kerzenbesteckten Leuchter ein Kranz mit vier Lichtern, für jeden Sonntag eines.

Diese Idee sprach sich schnell herum. Bald war der Adventskranz mit vier Kerzen in ganz Deutschland bekannt.
Im Rauhen Haus und an manchen anderen Orten in Deutschland kann man bis heute den Original-Adventskranz mit 4 großen weißen Kerzen und mit 18 roten etwas kleineren Kerzen besichtigen.

Die Botschaft des Adventskranzes:
Der Kranz als Zeichen der Krone Christi,
grüne Zweige als Zeichen der
Hoffnung des neuen Lebens in Christus
und Kerzen als Zeichen für Jesus als Licht der Welt.

Gebet
Jeden Tag ein Licht mehr.
Jeden Tag wird es etwas heller.
So willst du auch in unser Leben immer mehr Licht bringen.
Du Licht der Welt, willst dich in uns gestalten.

Auch wenn es äußerlich oft dunkel ist, bist du der Lichtbringer.
Auch wenn wir Schweres erleben, bringst du uns Trost.
Wir sehnen uns nach deiner Erlösung, wenn du einst wiederkommst
und uns erlöst aus allen Lasten und Fesseln.
Danke, dass der Adventskranz ein Zeichen dafür ist.
Du kommst und machst uns frei.

29. November

Es kommt ein Schiff geladen

Dieses Lied gehört zu den ältesten uns bekannten Adventsliedern. Sein Dichter Johannes Tauler hat zwischen 1300 und 1361 gelebt. Er erzählt in sechs einfachen Versen eine kleine Geschichte. Ein Schiff kommt an, voll beladen mit etwas Schönem, Wertvollem. Die Menschen damals kannten das: Schiffe kamen von weit her, legten an und brachten Reliquien mit. Im großen Jahrmarkt-Getümmel stürzten sich die Leute darauf. Sie waren von der Sehnsucht geleitet, sich durch den Kauf einer Reliquie religiöse Macht und Gottes Zuwendung zu sichern.

Johannes Tauler setzt mit seinem Lied einen ganz anderen Akzent, durchaus im Widerspruch zu solchem Reliquienhandel. Da kommt „Gottes Sohn voll Gnaden" – nicht zu kaufen, sondern zu glauben, zu umfangen, zu loben.

Es kommt ein Schiff geladen bis an sein' höchsten Bord,
trägt Gottes Sohn voll Gnaden, des Vaters ewigs' Wort.
Das Schiff geht still im Triebe, es trägt ein' teure Last;
das Segel ist die Liebe, der Heilig Geist der Mast.

Nicht mit lautem Getöse und Werbesprüchen kommt das Schiff daher, sondern in der Stille dockt Gott in unserem Leben an. Wovon wird es angetrieben? Im Bild von Mast und Segel antwortet das Lied: Gottes Liebe und sein Heiliger Geist geben dem Schiff Bewegung, treiben seine wertvolle, „teure Last" zu uns.

Der Anker haft' auf Erden, da ist das Schiff an Land.
Das Wort will Fleisch uns werden, der Sohn ist uns gesandt.

Die dritte Strophe vergleicht die Geburt Jesu mit dem Ankern des Schiffes. Gottes Wort macht am Ufer der Menschheit fest, nimmt Gestalt an, wird Person. Im Sohn Gottes konkretisiert sich Gottes Liebe, wird fassbar und erfahrbar.

Zu Bethlehem geboren im Stall ein Kindelein,
gibt sich für uns verloren; gelobet muss sein.

Nun nimmt das Lied uns mit in den Stall von Bethlehem, in die Freude über die Geburt Jesu, in das Lob über das Kind. Aber ein merkwürdiger Klang wird unerwartet laut: das Kind gibt sich verloren, kommt nicht als starker Sieger und triumphierender Machthaber. Es geht den Weg der Niederlage, den Weg ins Leiden und Sterben.

Und wer dies Kind mit Freuden umfangen, küssen will,
muss vorher mit ihm leiden groß Pein und Marter viel,
danach auch mit ihm sterben und geistlich auferstehn,
das ewig Leben erben, wie an ihm ist geschehn.

Der Klang setzt sich in den letzten beiden Strophen des Liedes fort. Die Beziehung zu dem Kind in der Krippe kann sehr herzlich sein, der Liederdichter spricht vom „umfangen und küssen".

Diese enge Verbundenheit mit dem Kind lässt uns teilhaben am ewigen Leben, kann aber auch ins Leiden und Sterben führen.

Johannes Tauler war im Alter von 15 Jahren in den Dominikanerorden eingetreten; er studierte Theologie und Philosophie. Danach kehrte er als Prediger nach Straßburg zurück. Zu einer seiner großen Aufgaben gehörte die seelsorgerliche Betreuung der Menschen während einer Pestepidemie.

30. November

Andreas-Tag

Andreas gehörte – wie sein Bruder Simon Petrus – zu den ersten Jüngern Jesu. Beim Ausüben seines Berufs als Fischer wurde er von Jesus in den Kreis seiner Jünger gerufen und folgte ihm von da an nach.

Alte Überlieferungen schildern seinen Weg: Nach dem Tod und der Auferstehung von Jesus hat er in Bithynien (Kleinasien), Skythien (Russland), Thrakien (Bulgarien) und in Griechenland von Jesus erzählt. Er wurde auch der Apostel Kleinasiens genannt.

Doch nicht allen gefiel das. Der römische Befehlshaber Aegeas wollte nicht, dass Andreas das Evangelium verkündete. Deswegen ließ er ihn ins Gefängnis werfen. Er drohte ihm mit dem Kreuzestod, wenn er nicht seinen Göttern opfere. Doch weder diese Drohung noch Geißelung und Folter konnten Andreas bewegen, seinem Glauben abzusagen – im Gegenteil, er antwortete dem Befehlshaber: „Ich bin ja ein Diener des Kreuzes und muss also das Kreuz viel eher wünschen als fürchten. Meine Pein dauert kurze Zeit, aber deine Pein wird kein Ende nehmen, vermehre also nicht deine eigene Marter."

Aufgrund dieser Worte ließ Aegeas ihn zum Kreuzestod verurteilen. Um ihn länger zu quälen, befahl er, ihn mit ausgespannten Händen und Füßen an ein schräges Kreuz zu binden. Zwei Tage lebte Andreas noch am Kreuz, predigte und betete, bevor er am 30. November im Jahr 60 n.Chr. starb. Sein Mut, seine Geduld und sein tiefer Glaube hinterließen einen tiefen Eindruck auf alle Zuschauer. Statt sich selbst zu bedauern oder um Hilfe zu rufen, verkündigte er Christus und richtete sein Herz ganz auf ihn aus.

Das schräge Kreuz an Bahnübergängen erinnert an ihn. Es wird auf der ganzen Welt ***Andreaskreuz*** genannt.

In Schottland wird Andreas in besonderer Weise verehrt und wegen seines Mutes, seiner Unabhängigkeit und seiner Selbstständigkeit geachtet. Am 30. November, seinem Todestag, wird dort der St. Andrews-Day gefeiert. Im Jahr 2006 erklärte das schottische Parlament den 30. November zum Nationalfeiertag.

Dein Kampf ist unser Sieg, dein Tod ist unser Leben;
in deinen Banden ist die Freiheit uns gegeben.
Dein Kreuz ist unser Trost, die Wunden unser Heil,
dein Blut das Lösegeld, der armen Sünder Teil.

O hilf, dass wir auch uns zum Kampf und Leiden wagen
und unter unsrer Last des Kreuzes nicht verzagen;
hilf tragen mit Geduld durch deine Dornenkron,
wenn's kommen soll mit uns zum Blute, Schmach und Hohn.

Dein Angst komm uns zugut, wenn wir in Ängsten liegen;
durch deinen Todeskampf lass uns im Tode siegen;
durch deine Bande, Herr, bind uns, wie dir's gefällt;
hilf, dass wir kreuzigen durch dein Kreuz Fleisch und Welt.

Lass deine Wunden sein die Heilung unsrer Sünden,
lass uns auf deinen Tod den Trost im Tode gründen.
O Jesu, lass an uns durch dein Kreuz, Angst und Pein
dein Leiden, Kreuz und Angst ja nicht verloren sein.

Adam Thebesius (EG 87,3-6)

1. Dezember

Stille erleben

„Advent ist stille werden, in tiefster Seele stille werden und mit dem Herzen hören, was Gott uns sagen will", hat Markus Rode formuliert. Doch im Advent ist es oft gar nicht still. Da ist oft viel Hektik und Umtriebigkeit.

Aber auch das Jahr über leiden wir unter Lärm. Äußere Geräusche können die Nerven strapazieren. Und erst recht die inneren Lärmquellen. Stimmen, die uns belasten. Vorwürfe an uns selber oder von Mitmenschen. Anklagen im Blick auf Versagen und Schuld. Misslungene Gespräche oder gescheiterte Unternehmen. Und dann vielleicht auch Unsicherheit im Blick auf Entscheidungen. Welcher inneren Stimme sollen wir da Gehör schenken?

Ja, vieles kann uns umtreiben und verunsichern. Verständlich, dass viele eine tiefe Sehnsucht nach Sicherheit, Frieden und Stille in sich tragen. Doch wie kommen wir zur Stille?

Der Advent birgt dazu einige Chancen. Still werden im Hören auf Gott. Sich ihm hinhalten, sich auf ihn ausrichten.

Manchmal braucht es dazu Rituale: sich dafür bewusst Zeit einplanen. Eine Kerze anzünden, auf Worte der Bibel hören. Und dann auch wirklich hören wollen. Wo will Gott mich anrühren? Wo will er etwas aufdecken?

Oft haben wir Angst vor der Begegnung mit Gott. Manche Wunde oder Schuld könnte ans Licht kommen. Das kann auch unangenehm oder peinlich sein. Manchmal fliehen wir gerade deswegen vor der Stille.

Doch wir brauchen Gottes Reden, die Ausrichtung auf ihn. Wie Metallspäne sich auf einen Magnet ausrichten, so dürfen wir ihm unsere Seele mit allem Wirrwarr, allen inneren Stimmen hinhalten.

Und dann geschieht es, dass jedes Detail unseres Lebens von ihm her gedeutet werden kann. Dann kommt Trost und Wegweisung in unser Leben. Auch Heilung und Vergebung kann sich dann entfalten. Deswegen ist es so wichtig, dass wir uns Räume der Stille erlauben, ja darum kämpfen. Damit wir hören können, zum Frieden finden – vor Gott und mit unseren Mitmenschen. Dann hört der innere Krach, die innere Unruhe auf.

Wollen wir ihn hören oder eher nicht? Es hängt ab von unserer Beziehung zu ihm. Stehe ich in einer Liebesbeziehung zu Jesus, dann freue ich mich darauf, ihm zu begegnen, seine Stimme zu hören in seinen Worten, Zusagen und Verheißungen. Dann sehne ich mich nach Gemeinschaft mit ihm. Dann will ich ausgerichtet sein auf ihn mit jeder Faser meines Lebens.

Song vom Krachmachen

Leute macht Krach, die Stille ist gefährlich,
denn, wenn es still ist, dann bin ich ehrlich.
Leute macht Krach!
Denn in der Stille, da kann es passieren,
dass mich Gedanken zum Denken verführen.
Leute macht Krach!
Hört nicht auf Stimmen, die leise euch fragen:
Was wird am Ende wohl Gott dazu sagen?
Leute macht Krach!
Erschlagt die Gedanken, die Lieder, das Leid,
erschlagt alle Liebe und die Traurigkeit.
Leute macht Krach!
Hört nicht auf Stimmen, die leise euch fragen:
Was wird am Ende wohl Gott dazu sagen?

Ursula Koch

2. Dezember

Geprägt werden

Eine Besonderheit des Advents sind die vielen Gebäcksorten und eine Vielfalt an Rezepten dafür. Dieser Ideenreichtum geht zum Großteil auf die Klöster des Mittelalters zurück. Mit Gebäck kann man ja einiges darstellen oder ausdrücken. Und genau das war auch die Idee: bildhafte Darstellungen von Glaubensinhalten.

Dies versuchte man zum einen durch die Form, zum anderen durch die Zutaten wie Heilkräuter und schließlich durch eingeprägte Motive oder Bilder. Deswegen nannte man sie „Gebildbrote".

Zu den typischen Gebildbroten gehört der „Spekulatius", „Katharinchen", „Moppen", Lebkuchen oder Gebäck in Form von Puppen, Christkindchen, menschlichen Gestalten oder Tieren und nicht zu vergessen „das Springerle". Dieses heißt so, weil der Teig die Eigenschaft hat, beim Backen aufzuspringen, sodass er zweigeteilt aussieht: mit einem luftigen Fuß und einem geprägten Bild. Eine weitere Bezeichnung für „Gebildbrote" ist „Printe" (vom niederländischen „prent", was Abdruck oder Bild bedeutet). Die bildhafte Darstellung erreichte man früher durch das Eindrücken des Teigs in Models aus Holz, Ton oder Gips.

Prägungen hinterlassen eindeutige und identifizierbare Spuren.
Wir kennen das aus vielen Bereichen unseres Lebens.
Auch unsere Persönlichkeit wird geprägt. Vieles hinterlässt Eindrücke: schwere oder schöne Erfahrungen, Bilder oder Filme, Literatur. Die tiefsten Prägungen hinterlassen Menschen, die uns emotional nahe sind, denen wir vertrauen, die wir bewundern oder auch fürchten.

In der Adventszeit können wir uns der Frage stellen:
Wovon bin ich geprägt?

Von manchen Eindrücken oder Prägungen wollen wir uns im Lauf des Lebens auch verabschieden. Mancher Eindruck schmerzt zu sehr. Manche Prägung hat hässliche Spuren hinterlassen. Zum Glück ist Veränderung möglich und an vielen Stellen unseres Lebens auch von Gott gewollt.

Wunden will er heilen, Haltungen will er verwandeln.

Wir müssen nicht so bleiben, wie wir sind. Wir können uns von Gottes Kraft umgestalten lassen.

So schreibt Paulus im Epheserbrief 4,23.24: *„Erneuert euch aber in eurem Geist und Sinn und zieht den neuen Menschen an, der nach Gott geschaffen ist in wahrer Gerechtigkeit und Heiligkeit."* Und in Römer 12,2 lautet die Ansage: *„Und stellt euch nicht dieser Welt gleich, sondern ändert euch durch Erneuerung eures Sinnes, auf dass ihr prüfen könnt, was Gottes Wille ist, nämlich das Gute und Wohlgefällige und Vollkommene."*

Gebet

Herr, du bringst Gutes in unser Leben.
Dadurch kannst du schlechte Prägungen ausmerzen.
Alte Lasten dürfen wir bei dir loswerden.
Deine Liebe kann Wunden heilen.
Du hast uns gerettet durch dein Kommen.
Du möchtest uns neue Eindrücke schenken.
In Armut und Demut bist du auf unsere Welt gekommen,
um uns zu helfen.
Herr, von deiner Art wollen wir lernen, von deinem Wesen
wollen wir uns prägen lassen. Von deiner Liebe wollen wir uns
entzünden lassen.
Gestalte uns um durch deinen Geist der Freiheit, Wahrheit
und Liebe. Danke dafür.

3. Dezember

Lebkuchen

Lebkuchen sind ein beliebtes Gebäck in der Adventszeit. Doch woher kommt der Name „Leb"-Kuchen? „Leb" bedeutet im althochdeutschen „Heilmittel". Im hebräischen bedeutet „Leb" einfach „Herz". Das Herz ist im Hebräischen Zentrum des Willens und Entscheidens. So gibt es wohl für das Wort Lebkuchen verschiedene Ursprünge. Doch wichtiger als der Wortursprung ist die tiefere Bedeutung.
In den Klöstern pflanzte man Kräuter mit Heilwirkung an. Das traditionelle Wissen aus den Klostergärten ist bis heute präsent. In zahlreichen Büchern werden klösterliche Rezepte und Heilmethoden erwähnt. Am bekanntesten sind wohl die Erkenntnisse der Äbtissin Hildegard von Bingen (1098-1179). Bis heute spielen diese in der alternativen Medizin eine wichtige Rolle.

Mit Heilkräutern stellte man in der Weihnachtszeit „Heilgebäck" her, also Lebkuchen. Diese wurden dann mit der Botschaft verteilt: das Weihnachtsgeschehen schenkt der ganzen Welt Heil.

Der Lebkuchen in Herzform nach der hebräischen Bedeutung von „Leb"=„Herz" bringt die zweite Bedeutung des Lebkuchens in den Vordergrund: Die Weihnachtsfreude und das Heil des „Heilands" sollen bis in unser Herz gelangen. Bis in unser Innerstes soll uns die Botschaft durchdringen, die durch Weihnachten in unsere Welt gekommen ist.

Nach altem Brauch wurden Lebkuchen mit siebenerlei oder neunerlei Gewürzen gebacken. Auf manchen Tüten, in denen die Gewürze für die Weihnachtsbäckerei schon fertig gemischt sind, steht heute noch „Siebenerlei Gewürz".

Die Zahl sieben gilt in der Bibel als Ausdruck der Vollkommenheit. In sieben Tagen erschuf Gott die Welt. In der Offenbarung spielt die Zahl sieben eine große Rolle. Sie ist die Summe aus drei und vier. Drei ist die Zahl Gottes (Dreieinigkeit) und vier die Zahl des Menschen (vier Himmelsrichtungen, vier Jahreszeiten usw.). Gott und Welt zusammen ergeben das vollkommen Ganze.

Einen ähnlich tiefen Sinn hat die Zahl neun in der Neunerlei Gewürzmischung. Neun sind drei mal drei. Gott soll drei mal drei, also neunmal gelobt werden:
in Erde, Luft und Wasser,
im Himmel, auf der Erde und in der Hölle,
in Vater, Sohn und Heiligem Geist.

Diese dreifache Dreiheit sah man als höchste Vollendung an. Darum mischte man sowohl dem Früchtebrot, als auch dem Teig der Leb- und Gewürzkuchen neunerlei Gewürze bei.
Dieser Sinngehalt spiegelt sich auch in der Gründonnerstags-Suppe mit sieben oder neun grünen Kräutern wider.

Gebet

In dir, o Herr, ist Leben und Heil,
mit dir, o Herr, will ich leben.
Du bringst dieser Welt alles,
was sie zu einem erfüllten Leben braucht.

So komm auch in mein Herz.
Mache mich froh und dankbar für all deine guten Gaben.
Bis ins Innerste meines Wesens willst du gegenwärtig sein,
du willst mich bis in meine Gedanken und Gefühle ergreifen.
Dir will ich Ehre geben mit allem, was ich tue und lasse.

4. Dezember

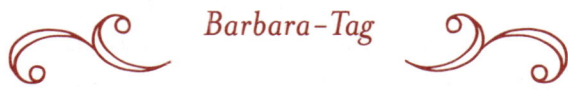

Barbara-Tag

Gehe in den Garten am Barbaratag.
Gehe zum kahlen Kirschbaum und sag:
Kurz ist der Tag, grau ist die Zeit.
Der Winter beginnt, der Frühling ist weit.
Doch in drei Wochen, da wird es geschehn:
Wir feiern ein Fest, wie der Frühling so schön.
Baum, einen Zweig gib du mir von dir.
Ist er auch kahl, ich nehm' ihn mir.
Und er wird blühen in leuchtender Pracht
mitten im Winter in der Heiligen Nacht.

Josef Guggenmos

Dieses Gedicht von Josef Guggenmoos (1922-2003) ist manchen bekannt. Es beschreibt den Brauch des heutigen Barbaratages: Im Garten einen Zweig von einem Kirschbaum schneiden und in Wasser stellen. Am 24. Dezember gehen die Blüten auf.
Dieser Brauch geht auf das Leben und Sterben des Mädchens Barbara zurück. Sie lebte im 3. Jahrhundert und wurde Christin gegen den Willen ihres Vaters. Der Vater war darüber so erbost, dass er sie in ein Gefängnis einsperren ließ. Er wollte, dass sie sich dort besinnen und ihrem Glauben wieder absagen würde. Auf dem Weg in ihr Gefängnis, verfing sich ein Kirschzweig in ihrem Kleid. Diesen Zweig stellte sie in einen Becher mit Wasser. Während der Vater auf Reisen war, ließ sie sich, statt ihrem Glauben abzuschwören, in dem Turmgefängnis sogar noch taufen.
Als der Vater nach seiner Rückkehr davon erfuhr, war er so erbost, dass er sie mit eigener Hand hinrichtete. Und genau an dem Tag, als sie starb, blühte der Kirschzweig auf, den sie in ihr Gefängnis mitgenommen hatte. Kurz vor ihrem Tod versuchte sie noch zu

fliehen. An einem steilen Berghang war sie am Ende ihrer Kräfte. In ihrer Angst betete sie zu Gott: „Hilf mir! Zeige mir eine Öffnung im Felsen, wo ich mich verstecken kann!" Tatsächlich fand Barbara kurzzeitig Schutz in einer Felsspalte. So ist Barbara bis heute auch die Schutzpatronin der Bergleute. Der 4. Dezember 235 n.Chr. ist vermutlich der Todestag von Barbara.

Der blühende Zweig ist Zeichen des neuen Lebens und darum auch für die Auferstehung. Wenn wir heute am 4. Dezember einen Zweig schneiden, wird dieser wahrscheinlich an Heilig Abend blühen. Dieser Brauch hat seinen tiefen Sinn darin, schon bei der Geburt Jesu an sein Sterben und Auferstehen zu denken.

Wie tröstlich diese Botschaft ist: Leid und Tod haben nicht das letzte Wort, sondern Christus mit seinem Sieg an Ostern.

Der, der an Weihnachten geboren wird, ist auch der Gekreuzigte und der Auferstandene. Auch das feiern wir am 24. Dezember.

Gebet

Herr Jesus,
du bist gekommen, um uns zu befreien und zu erlösen.
Dafür gingst du in den Tod.
Aber du bist nicht im Dunkel des Todes geblieben,
sondern du bist auferstanden zu neuem Leben.
Das bringt uns Trost in unserem Leid und in unserer Angst.
Der Tod hat nicht das letzte Wort, sondern deine Auferstehung.
Alle Mächte der Finsternis hast du zerbrochen, alles Dunkle besiegt.
Das gibt uns Hoffnung in schweren Tagen.
Dein Osterlicht leuchtet auch dort hinein.
Du bist auch im Dunklen gegenwärtig,
aber du führst uns auch wieder heraus
zu neuem Leben, zur Hoffnung und zur Freude.
Danke, dass du deswegen auf diese Erde gekommen bist.
Daran halten wir uns fest.

5. Dezember

Christus tritt für uns ein

Am Vorabend des Nikolaustages ist es vielerorts Brauch, Schuhe vor die Türe zu stellen. Am nächsten Morgen sollen sie zur Freude der Kinder mit Süßigkeiten oder kleinen Geschenken gefüllt sein. Die Schuhe sind ursprünglich eine Erinnerung an kleine Schiffe. Denn Nikolaus ist auch Schutzpatron der Seefahrer, weil er einmal drei Pilger aus großer Seenot rettete. In manchen Gegenden lässt man darum abends auch erleuchtete Schiffchen auf einem Bach oder Fluss schwimmen. Aus diesen Schiffchen sind mit der Zeit Schuhe geworden.

Der bekannteste Begleiter des Nikolaus ist Knecht Ruprecht. Er hat die Rolle des Angstmachers und Bestrafers.
Dahinter verbirgt sich der Gedanke, in Knecht Ruprecht den Ankläger oder auch das schlechte Gewissen zu sehen. Nikolaus dagegen verkörperte die guten Mächte: Wie Christus schenkt er Vergebung und Barmherzigkeit.

Dieser Brauch kann an Sätze des Paulus im Römerbrief erinnern. Am Ende von Kapitel 8 wird eine Gerichtsszene geschildert. Viele Anklagen werden laut, bald soll das Urteil verkündet werden. Doch vor dem Urteilsspruch geschieht Aufregendes: Der Richter – Gott – verlässt die Richterbank. Er ergreift Partei: „Gott ist für uns". Warum? Weil Christus in den Gerichtssaal getreten ist als „Anwalt", der „für uns eintritt".
Darum werden die Angeklagten freigesprochen.

Römer 8,1: *So gibt es nun keine Verdammnis für die, die in Christus Jesus sind.*

Römer 8,31-34: *Was wollen wir nun hierzu sagen? Ist Gott für uns, wer kann wider uns sein? Der auch seinen eigenen Sohn nicht verschont hat, sondern hat ihn für uns alle dahingegeben – wie sollte er uns mit ihm nicht alles schenken? Wer will die Auserwählten Gottes beschuldigen? Gott ist hier, der gerecht macht. Wer will verdammen? Christus Jesus ist hier, der gestorben ist, ja mehr noch, der auch auferweckt ist, der zur Rechten Gottes ist und für uns eintritt.*

Römer 8,38-39: *Denn ich bin gewiss, dass weder Tod noch Leben, weder Engel noch Mächte noch Gewalten, weder Gegenwärtiges noch Zukünftiges, weder Hohes noch Tiefes noch irgendeine andere Kreatur uns scheiden kann von der Liebe Gottes, die in Christus Jesus ist, unserm Herrn.*

Gebet

Du wurdest gequält und wurdest geschlagen.
Sie haben dich verhöhnt, verleumdet und verspottet.
Du hast unendliche Schmerzen und Todesqualen erlitten,
Angst und Einsamkeit erlebt bis zum Tod am Kreuz.

Für uns, für mich hast du das alles getan.
Die Liebe hat dir die Kraft dazu gegeben.
Mit deinem Tod am Kreuz hast du alle Schuld der Welt getragen
und bist für mich eingetreten, damit ich frei werde.

Durch deine Liebe zu mir kann ich alle Anklagen ablegen.
Immer wieder staune ich, wie groß deine Liebe zu mir ist.
Danke dafür, danke für dein Sterben,
danke für deinen Freispruch, danke für deine Barmherzigkeit.

6. Dezember

Nikolaustag

Wir denken beim Nikolaustag an ein Kinderfest. Dies geht zurück auf eine dramatische Begebenheit im vierten Jahrhundert. Nikolaus war damals Bischof in Myra, dem heutigen Demre in der Türkei.

Die Stadt Myra war in große Hungersnot geraten. Die lang versprochenen Getreideschiffe wurden sehnlichst erwartet. Der Hunger war groß und wurde jeden Tag beißender. Als endlich die Schiffe am Horizont auftauchten, war der Jubel groß. Alle lief zum Hafen, allen voran die Kinder. Doch als die Schiffe auf den Hafen zusteuerten, kamen Piraten und beschlagnahmten sie. Sie brachten ein Beiboot in den Hafen. Dieses sollte mit Gold gefüllt werden als Lösegeld für die Schiffe. Aber da die Menschen kaum noch Gold oder andere Reichtümer besaßen, waren die wenigen goldenen Gegenstände den Piraten nicht genug. Sie kamen auf die Idee, für jedes fehlende Pfund Gold ein Kind als Lösegeld mitzunehmen. Diese wollten sie dann als Sklaven in einer anderen Stadt verkaufen. Schon wurden die ersten Kinder in die Boote gezerrt. Da schritt Bischof Nikolaus ein. Er war beladen mit den gesamten goldenen Gerätschaften aus der Kirche. Diese legte er den Piraten ins Boot. So kaufte er die Kinder frei und die Stadt bekam ihr Getreide.

Eine weitere Geschichte erzählt davon, wie Bischof Nikolaus einem verarmten Vater von drei Töchtern half. Dieser wusste sich in seiner Not nicht anders zu helfen, als seine Töchter der Reihe nach ins Bordell zu verkaufen. Dort sollten diese ihre Mitgift für die Hochzeit verdienen. Als Bischof Nikolaus davon erfuhr, warf er jedes Mal am Abend vor dem Verkauf einen Goldklumpen durchs Fenster und rettete so die Töchter vor diesem Schicksal.

Solche und viele andere Geschichten werden über Bischof Nikolaus erzählt.

So handelte er ganz nach der Weisung in Jesaja 58,7.8:

Brich dem Hungrigen dein Brot, und die im Elend ohne Obdach sind, führe ins Haus! Wenn du einen nackt siehst, so kleide ihn, und entzieh dich nicht deinem Fleisch und Blut! Dann wird dein Licht hervorbrechen wie die Morgenröte, und deine Heilung wird schnell voranschreiten, und deine Gerechtigkeit wird vor dir hergehen, und die Herrlichkeit des HERRN wird deinen Zug beschließen.

Das griechische Wort für „Bischof" (episkopos) heißt eigentlich „Aufseher", und das wiederum heißt im Lateinischen „spekulator". Darum ist das spezielle Gebäck für den Nikolaustag der „Spekulatius" – früher versehen mit Darstellungen von Bischof Nikolaus.

Der 6. Dezember 350 n.Chr. ist der vermutliche Todestag von Bischof Nikolaus. So wurde in Erinnerung an ihn der heutige Nikolaustag ein Festtag für die Kinder.

Gebet
Vater im Himmel,
schenk uns Herzen des Erbarmens
und offene Augen für die Nöte in der Welt.
Wir wollen unsere Sicherheit nicht am Reichtum festmachen,
sondern an deiner Liebe.
Danke, dass so dein Licht die Dunkelheit in der Welt vertreibt.

7. Dezember

Ambrosius von Mailand

Ambrosius von Mailand (um 340 - 397) wurde am 7. Dezember 374 getauft und zum Bischof geweiht. Darum ist heute auch sein Gedenktag. Er war eine der bedeutendsten Persönlichkeiten der frühen Kirche.

Seinen Besitz verschenkte er den Armen. Er studierte Theologie und wurde ein angesehener Prediger. Er leitete mild und gerecht. Oft drängten viele hilfesuchende Menschen zu ihm.

Als Kaiser Theodosius I. ein Massaker an Aufständischen in Thessaloniki angeordnet und 7000 Menschen im Zirkus hatte umbringen lassen, bewegte Ambrosius ihn, öffentlich darüber Buße zu tun. Den Kaiser Gratian bewog er, die staatlichen Zuwendungen für den römischen Götterkult einzustellen.

Ambrosius war es wichtig, dass die Menschen die Bibel kennenlernen. Er schrieb Kommentare und Erklärungen des Glaubens für den Taufunterricht. Seine Bücher wurden weit verbreitet, auch viele seiner Lieder.

Ambrosius war ein Versöhner. Das machen Berichte über sein Leben deutlich. Vermutlich hatte er eine große Begabung des Ausgleichens. Er war so klug, immer wieder neue Wege des Miteinanders zu finden. Seine Kraft schöpfte er aus seinem Glauben, besonders aus dem Alleinsein vor Gott.

Ein Satz von ihm lautet:
„Niemals bin ich weniger allein, als wenn ich scheinbar allein bin ... Allein war Maria, da redete sie mit dem Engel. Sie war allein, als der Heilige Geist über sie kam und die Kraft des Höchsten sie

überschattete. Sie war allein und bewirkte das Heil der Welt und empfing die Erlösung für alle."

Wer mit Gott allein sein kann, der kann auch gut und versöhnend in Gemeinschaft mit anderen sein.
Gott kann und will seine Kraft der Versöhnung in unser Inneres legen.
Er will Frieden in unsere Gedanken und Gefühle geben. Wer solche Versöhnung Gottes in sich zulässt, kann auch andere zur Versöhnung ermutigen.

Ambrosius machte es vor:
Wo Versöhnung sich ausbreitet, da kehrt Friede ein.
Wo Gottes Friede ist, können wir wieder neu miteinander beginnen.
So haben es die himmlischen Engelchöre den Hirten in Bethlehem gesungen: „Ehre sei Gott in der Höhe und Frieden auf Erden bei den Menschen seines Wohlgefallens". So dürfen wir es dann auch leben: die Ehre Gottes und der Frieden miteinander gehören zusammen.

Gebet

Herr, vor dich bringe ich meine Feinde.
Ich bringe dir die Menschen, mit denen ich es schwer habe.
Ich bringe dir die, die mich ärgern und die, die mich stören.
Du liebst sie alle ausnahmslos.
Schenk mir einen neuen versöhnten Blick auf sie.
Nimm Rechthaberei und Hass von mir.
Danke, dass ich nicht richten muss.
Du bist der Richter.
Du weißt, was Recht und Unrecht war.
Ich überlasse es alles dir.
Ich bitte dich um deinen Frieden in meinem Herzen.
Schenk mir die Kraft zur Vergebung – so wie du vergibst.

8. Dezember

Ja sagen wie Maria

In der katholischen Kirche ist heute ein offizieller Gedenktag für Maria. In manchen Ländern ist er sogar hoher Feiertag. Häuser werden prächtig geschmückt und Kerzen werden in die Fenster gestellt. Ursprünglich ist es der Gedenktag der Empfängnis Mariens, also der Beginn der Schwangerschaft Marias im Leib ihrer Mutter Anna. Heute denken aber viele auch an andere Geschichten, die von Maria berichten. So z.B. die Geschichte von Marias Begegnung mit dem Engel Gabriel (Lukas 1,46ff).

Als der Engel zu ihr kam, erschrak sie. Gottes Heiligkeit berührt ihre Alltäglichkeit. Und dann bekam sie eine ganz ungewöhnliche Botschaft: Sie – als junges unverheiratetes Mädchen – soll den Heiland, den Retter der Welt, in sich tragen und zur Welt bringen.

Unverheiratete schwanger zu sein – dies wurde damals nach strengem jüdischen Gesetz mit dem Tod bestraft. Ob sie Angst hatte vor diesem Weg? Verstehen konnte sie es nicht. Und dennoch sagte sie „Ja". Sicher kam es ihr nicht leicht über die Lippen, aber es war ein Schritt des Vertrauens.

Maria wurde nicht gezwungen zu diesem Weg – aber sie sagte: „Siehe ich bin des Herrn Magd. Mir geschehe, wie du gesagt hast." Sie sagte mit ihrem ganzen Sein Ja zu dem Außergewöhnlichen. Sie stellte sich zur Verfügung, obwohl ihr Verstand dagegen sprach.

Dieses Ja der Maria kann auch uns eine Hilfe für schwere Wege sein: Ja sagen zu schweren, ungewöhnlichen oder unbequemen Wegen. Ja sagen, wo wir von unserem menschlichen Verstand her Nein sagen müssten. Ja sagen, wo Schwierigkeiten schon vorprogrammiert sind.

Maria erfuhr vielfache Bestätigung auf diesem Weg: im Haus des Zacharias und der Elisabeth, die Botschaft des Engels an Joseph im Traum, die Hirten in der Geburtsnacht, die Weisen aus fernsten Ländern, die Begegnung mit Simeon und Hanna im Tempel, die Wegweisung nach Ägypten durch einen weiteren Traum Josephs. Und nicht zuletzt dann die Auferstehung Jesu nach seiner Kreuzigung.

Gott bestätigte ihren Weg durch kleine und große Zeichen seiner Liebe. Er stellte sich zu ihr und ging mit ihr Schritt für Schritt.

Gebet

„Ja" will ich sagen, mein Herr und Gott,
zu deinem Weg mit mir.
Manches ist mir unverständlich, manches ärgert mich,
gegen manches sperre ich mich innerlich.
Vor manchem habe ich auch Angst.
Noch wehrt sich vieles in mir.

Doch von Maria will ich lernen:
Wo du uns schwere Wege führst, gehst du mit.
Wo du uns Lasten auflegst, trägst du uns.
Wo wir im Dunkeln sind, gehst du neben uns.
Im Vertrauen will ich zu ganzer Hingabe
meines Lebens an dich finden.
Du machst keine Fehler und darum wird letztlich alles gut,
auch wenn mein Weg jetzt noch im Dunkeln liegt.
Dein Wille über meinem Leben ist richtig.
In dieser Gewissheit will ich ruhig werden
und Frieden finden an deinem Herzen,
mein Herr und mein Gott.

9. Dezember

Hieronymus

In Bethlehem steht die Geburtskirche, errichtet über der Stelle, wo Jesus nach der Überlieferung geboren wurde. Direkt daneben befindet sich die „Hieronymus-Grotte" – ein Raum, in dem Hieronymus in den letzten Jahren seines Lebens gewohnt hat. Er wollte dort zuhause sein, wo Christus zur Welt kam.

Hieronymus wurde 374 n.Chr. geboren. Er war Christ geworden, nachdem er in Rom die Katakomben – Grabstätten von Märtyrern – besucht hatte. Weil dort der Übergang vom irdischen zum himmlischen Leben gefeiert wurde, waren diese Grabstätten immer auch Räume der Anbetung und des Gottesdienstes.

Wenn an Gräbern auch an die himmlischen Wohnungen gedacht wird, liegt die Erinnerung an Jesus nahe, der zu seinen Jüngern sagte: *„In meines Vaters Hause sind viele Wohnungen. Wenn's nicht so wäre, hätte ich dann zu euch gesagt: Ich gehe hin, euch die Stätte zu bereiten?"* (Johannes 14,2).

Einige Jahre lebte Hieronymus als Eremit zurückgezogen in Syrien, in der Einsamkeit vor Gott. Später lernte er Griechisch und Hebräisch. Nur wenige Gelehrte der damaligen Zeit konnten beide Sprachen. Diese Fähigkeit wurde die Grundlage seines größten Lebensauftrages: „Das Wort Gottes in uns wohnen lassen".

Er übersetzte die gesamte Bibel ins Lateinische, in die damalige Umgangssprache. So entstand die „Vulgata", wörtlich die „Allgemeine" oder auch „all-verständliche" Bibel. Die Übersetzung war eine mühsame Arbeit. Es fehlte ihm oft am nötigen Arbeitswerkzeug, beispielsweise an Vokabularien oder Grammatikbüchern. So brütete

Hieronymus nächtelang über den Heiligen Schriften, bis ihn häufig – wie er selbst berichtet – der Schlaf übermannte, ihm der Kopf herabsackte, und er auf dem vor ihm liegenden Text einschlief. Doch seine Mühe wurde für viele Generationen zu einer großen Hilfe. Bis heute wird die Vulgata in der Liturgie und im Theologiestudium verwendet.

Die letzten 34 Jahre seines Lebens lebte er in Bethlehem. Er wollte dort sein, wo Christus zu Welt kam. Er wollte dort anbeten, wo Gott sich in diese Welt hinein erniedrigte. So konnte er staunen darüber, dass schon bei der Geburt von Christus eine Brücke zwischen der himmlischen und der irdischen Wohnung geschlagen wurde.

Christus erniedrigte sich in unsere arme Welt, ließ die himmlische Wohnung hinter sich, und wurde in einen Futtertrog gelegt, in unsere ärmliche und erbarmungswürdige Welt.

Gebet
Jesus, du hast die arme Holzkrippe erwählt,
um dort geboren zu werden.
So kann kein Ort der Welt, kein Herz
zu unbequem und zu schlecht für dich sein.

Selbst der unwohnlichste und dunkelste Ort
und wäre es der in meinem Inneren,
kann für dich zur Wohnstätte werden.

Sobald du darin einkehrst, wird er verwandelt,
geprägt von deiner Gegenwart
und damit hell und freundlich.

Wenn du, Christus, in uns wohnst,
wird es Advent in uns.

10. Dezember

Chanukka und Weihnachten

Zwischen Ende November und Ende Dezember feiern die Juden das Chanukkafest. Im jüdischen Festkalender wird immer am 25. Tag des Monats Kisslew an das Chanukkawunder gedacht. Da der jüdische Kalender aber von unserem Kalender abweicht, liegt das Datum des Festes für uns jedes Jahr auf einem anderen Tag.

Chanukka erinnert an ein einschneidendes Ereignis in der Geschichte des Volkes Israel. Der Tempel war entweiht worden. An aufgestellten Götzenaltären wurde der Zeuskult zelebriert. Der Tempelleuchter war gelöscht und die Ölvorräte mit dem koscheren Öl geplündert worden.

Im Jahr 165 v.Chr. konnten die Juden den Tempel wieder zurückerobern (die Makkabäerbücher berichten darüber). Zum Zeichen der Heiligkeit des Ortes und der Gegenwart Gottes wollten sie den siebenarmigen Leuchter wieder entzünden. Sie entdeckten aber nur noch einen einzigen Krug mit geheiligtem Öl, ausreichend eigentlich nur für einen Tag. Trotzdem wagten sie es, mit diesem Öl die Lichter auf dem Leuchter anzuzünden. Das Wunder geschah. Die Lichter brannten acht Tage lang. So lange, bis wieder neues Öl für den Tempelleuchter hergestellt worden war.

Der Chanukkaleuchter erinnert an dieses Wunder. Er hat acht Flammen. Und eine neunte in der Mitte. Mit dieser, auch „Schammes" oder „Diener" genannt, zündet man acht Tage lang immer eine neue Flamme an.

Dieses Anzünden wird mit einem Segen eingeleitet: „Gelobt seist du, Ewiger, unser Gott, König der Welt, der du uns geheiligt durch deine Gebote und uns befohlen, das Chanukkalicht anzuzünden."

Dazu singt man das Chanukkalied „Zuflucht, meiner Hilfe Hort".

Manche Parallelen lassen sich zwischen dem jüdischen Tempelweih-fest und Weihnachten entdecken. Das „Chanukkafest" wird auch „Lichterfest" genannt.

An Weihnachten feiern wir das Kommen dessen, der sich „Licht der Welt" nennt. „Chanukka" heißt „Weihe-Tag". Möglicherweise klingt in unserem Begriff „Weih-Nachten" etwas davon an. Doch eine direkte Traditions-Verbindung zwischen Chanukka und Weih-nachten gibt es nicht (anders als zwischen dem Passafest und Ostern oder zwischen dem jüdischen Wochenfest (Schavuot) und Pfingsten.

Gebet
Vater im Himmel,
dein erstes Wort war: „Es werde Licht." Und es ward Licht.
Danke, dass du das Licht erschaffen hast,
die Sonne und alle anderen Sterne.
Was für eine schöpferische Kraft wird darin sichtbar.
Ohne Licht könnten wir nicht leben.

Ich möchte mich öffnen für deine Macht.
Lass es auch in mir und meinem Leben Licht werden.
Lass mich immer mehr erkennen, wer du bist
und was dein Wille ist.
Geh mit mir auch durch die dunklen Kammern meiner Seele
und lass es auch darin hell werden.

Danke, dass du auch durch die finsteren Täler meines Lebens
mit mir gehst bis ich eines Tages ganz im Licht deiner Ewigkeit
stehen werde.

11. Dezember

Transparente

Transparente sind ein beliebter Schmuck in der Adventszeit.

Dabei gibt es eine interessante Beobachtung: Transparentpapier auf den Tisch gelegt oder vor einer weißen Wand wirkt in seinen Farben eher stumpf und langweilig. Sobald wir ein Transparent aber an die Fensterscheibe hängen oder vor eine Lichtquelle halten, fangen die Farben an zu leuchten.

So ist es mit unserem Leben auch. Solange wir ohne das Licht leben, das mit Weihnachten in die Welt gekommen ist, ist unser Alltag oft grau und stumpf.

Sobald wir aber das Weihnachts-Licht auf unser Leben scheinen lassen, kann dieses dadurch zum Leuchten kommen.

Wie die Farben eines Transparents sich durch das hindurchscheinende Licht verändern, so verändert sich unser Leben, wenn wir es öffnen für die Liebe und das Licht Gottes. Jesus hat selbst einmal gesagt: *„Ich bin das Licht der Welt. Wer mir nachfolgt, der wird nicht wandeln in der Finsternis, sondern wird das Licht des Lebens haben"* *(Johannes 8,12).*

Einen ähnlichen Effekt sehen wir bei Glasfenstern in Kirchen. Von außen gesehen wirken sie am Tag dunkel und ausdruckslos. Wer aber hineingeht, der erlebt eine nie geahnte Farbenpracht, weil das Licht von außen das farbige Glas zum Leuchten bringt. Man kann dies auch auf das Leben im Glauben deuten. Wer den Glauben nur „von außen" betrachtet, sieht nicht die Schönheit, die sich darin verbirgt. Wer sich aber hineinbegibt, sich auf ein Leben im Glauben einlässt, der wird Dinge sehen und erleben, von deren Wirklichkeit er vorher nichts geahnt hat. Es kommt auf den Standpunkt an, ob ich das Leuchten sehen kann oder nicht.

Sieht man vom Markt in die Kirche hinein,
da ist alles dunkel und düster;
und so sieht's auch der Herr Philister;
der mag denn wohl verdrießlich sein
und lebenslang verdrießlich bleiben.
Kommt aber nur einmal herein!
Da ist's auf einmal farbig helle,
Geschicht' und Zierat glänzt in Schnelle,
bedeutend wirkt ein edler Schein:
Dies wird euch Kindern Gottes taugen,
erbaut euch und ergötzt die Augen!

Johann Wolfgang von Goethe

Dein Licht in meinem Leben verändert alles.
Ohne dein Licht
wird Schweres oft zu schwer und führt mich in die Verzweiflung.
Mit deinem Licht
scheint durch alles Leiden auch dein Kreuz hindurch.
Ohne dein Licht
verfliegen Freuden des Lebens wie ein Hauch.
Mit deinem Licht
werden sie gefüllt mit Dankbarkeit und Zuversicht.
Ohne dein Licht
vergehen die Tage und vieles bleibt sinnlos.
Mit deinem Licht
ist jeder Tag gefüllt mit deiner Gegenwart.
Ohne dein Licht
ist der Tod die dunkle Grenze meines Lebens.
Mit deinem Licht
ist er das Tor zur Ewigkeit.
Du, Herr, bist das Licht der Welt,
davon leben wir, dadurch leben wir, daraufhin leben wir.

12. Dezember

Franz von Assisi und die Krippe

Viele stellen in diesen Tagen zu Hause eine Krippe auf. Diese schöne Tradition geht auch auf Franz von Assisi (1181-1226) zurück. Er war der Begründer des Franziskanerordens.

1222 zog sich Franziskus in die Einsamkeit eines kleinen Klosters zurück. Dort hatte er die Idee, den Menschen seiner Zeit Weihnachten in besonderer Weise nahezubringen.

1223 baute er mitten im Wald von Grecchio eine mit Heu gefüllte Krippe auf. Er legte ein kleines Kind hinein, ließ Maria und Joseph auftreten und stellte Ochs und Esel daneben. Vor dieser lebensnahen Szene predigte er seiner Gemeinde das Weihnachtsevangelium: „Weihnachten wird heute in der Kirche gefeiert – und das ist gut so. Aber angefangen hat es hier draußen – diese Krippe hier erzählt uns allen ganz anschaulich ein großes Geheimnis: Gott wir Mensch – aus Liebe zu uns."

Franziskus' Idee der „Lebendigen Krippe" war Vorläufer unsrer heutigen Krippendarstellungen und -spiele. So alltagsnah und wirklichkeitsbezogen wie nur möglich wollte Franziskus zeigen: So war das damals. So ist Christus Mensch geworden. So begreifbar hat sich Gott gemacht. So wurde er einer von uns.

So nah kommt uns Gott – aber eben nicht nur damals.
Weihnachten hat mit unserem Heute und Hier zu tun.
Gott kommt in unsere Welt. So wie wir atmen, riechen und hören, so wie wir frieren und uns freuen, so wurde Gott Mensch wie wir.
Dass der allmächtige Gott sich in einen menschlichen Körper begibt, ist ein unbegreifliches Geheimnis. So nah kommt er dem, was uns beschäftigt und wie es uns dabei geht: Er weiß, wie es sich anfühlt, hungrig oder durstig zu sein, zu schwitzen oder zu frieren,

müde oder froh, verletzt oder zufrieden zu sein – er kennt das alles. Er kann uns verstehen, mit uns teilen, sich uns mitteilen, Teil unseres Lebens werden.

Adventlich leben bedeutet darum: das Christuskind einladen und seine Gegenwart zulassen in Schmerz und Empörung, in Traurigkeit und Freude, in Verzweiflung und Zuversicht.
Bis in die innersten Erfahrungen, Gefühle und Gedanken kann er gegenwärtig sein.
Kein Ort in dieser Welt und kein Ort in uns ist ihm zu dunkel, zu kalt, zu hoffnungslos, zu verlassen, zu schmutzig, zu bedrohlich – er kann überallhin kommen und verändern.
Wenn sich Christus so in uns gestalten darf, wird es Advent in uns.

Ich steh an deiner Krippen hier,
O Jesu, du mein Leben;
Ich komme, bring und schenke dir,
Was du mir hast gegeben.
Nimm hin, es ist mein Geist und Sinn,
Herz, Seel und Mut, nimm alles hin
Und lass dir's wohlgefallen.

Eins aber, hoff ich, wirst du mir,
mein Heiland nicht versagen:
dass ich dich möge für und für,
in, bei und an mir tragen.
So lass mich doch dein Kripplein sein,
komm, komm und lege bei mir ein,
dich und all deine Freuden.

Paul Gerhardt (EG 37,1.9)

13. Dezember

Lucia-Tag

Der heutige Tag erinnert an Lucia. Dieser Tag hat vor allem in Skandinavien eine große Bedeutung.

Doch wer war Lucia? Sie lebte um das Jahr 300 n.Chr. in Syrakus als Tochter einer angesehenen römischen Familie. Schon früh fand sie zum Glauben an Christus. Da dies in Zeiten der Christenverfolgung äußerst gefährlich war, erzählte sie ihren Eltern nichts davon. Viele Christen wurden verfolgt und versteckten sich in Katakomben. Diesen half sie. Sie brachte Lebensmittel und Kleidung in deren Verstecke. Um die Hände zum Tragen frei zu haben, trug sie Kerzen auf dem Kopf. So konnte sie in der Dunkelheit den Weg finden.

Lucias Eltern hatten einen Bräutigam für sie ausgesucht. Doch da sie Gott Keuschheit gelobt hatte, löste sie das Verlöbnis wieder auf. Daraufhin verriet der enttäuschte Bräutigam Lucia an die Richter. Um ihren Willen zu brechen, befahlen diese, sie in ein Bordell zu bringen. Doch, so wird erzählt, weder Ochsen noch Soldaten konnten sie von der Stelle bewegen. Daraufhin übergoss man sie mit siedendem Öl. Aber auch das konnte ihr nichts anhaben. Auch ein Feuer, das man um sie herum anzündete, ließ sie unversehrt. Schließlich tötete man sie mit dem Schwert. Lucia aber betete noch im Sterben für ihre Mörder. Die Menschen, die das miterlebten, waren tief bewegt.

In Skandinavien wird an diesem Tag in besonderer Weise an Lucia erinnert. An ihrem Todestag werden dort Kerzen entzündet, die an sie und ihren Märtyrertod erinnern.

In schwedischen Familien ist heute für die älteste Tochter ein besonderer Tag. Am Morgen darf sie als erste aufstehen. Sie trägt in

Erinnerung an Lucia einen Lichterkranz auf dem Kopf. So kommt sie in die Schlafräume der Eltern und Geschwister und bietet Kaffee und Lussekatter an, ein dottergelbes Hefegebäck in Form eines S oder eines Kreuzes. Seine gelbe Farbe erhält es durch Safran.

Die Lichter erinnern immer wieder daran, dass es in unserem Leben nicht dunkel bleiben muss. Durch Christus und seine Liebe kommt Licht in unser Leben. Er hat denen, die ihm nachfolgen, zugesagt: „Ihr seid das Licht der Welt. Es kann die Stadt, die auf einem Berge liegt, nicht verborgen sein. Man zündet auch nicht ein Licht an und setzt es unter einen Scheffel, sondern auf einen Leuchter; so leuchtet es allen, die im Hause sind. So lasst euer Licht leuchten vor den Leuten, damit sie eure guten Werke sehen und euren Vater im Himmel preisen" (Matthäus 5,14).

Gebet

In uns ist es oft dunkel,
doch wo du eintrittst, wird es hell.
Bring deinen Trost dorthin,
wo Leid und Seufzen, Ängste und Sorgen sind.
Du kamst als Licht der Welt
und machst uns selbst zu Lichtern dieser Welt.
Du trägst durch uns in die Welt ein Licht.
Wir wollen uns von dir dorthin senden lassen, wo es dunkel ist.
Du Licht der Welt, danke dass du zu uns gekommen bist.
So kommen Trost, Hoffnung und Liebe in diese Welt.

14. Dezember

Der Apfel am Weihnachtsbaum

„*Apfel, Nuss und Mandelkern essen fromme Kinder gern.*" Dieser Satz findet sich in dem Gedicht „Knecht Ruprecht" von Theodor Storm. Es stammt aus einer Zeit, in der tatsächlich Äpfel und Nüsse eine besondere Kostbarkeit waren. Vielleicht wurden sie auch deshalb zu einer beliebten Dekoration in der Advents- und Weihnachtszeit. Sie sollten auf die Kostbarkeit dieses Geschehens hinweisen.

Der Brauch, Äpfel an den Weihnachtsbaum zu hängen, ist auf jeden Fall sehr alt und kommt von den Weihnachtsspielen des Mittelalters. Am 24. Dezember, auch der Adam- und Eva-Tag, wurde die Vertreibung aus dem Paradies in sogenannten „Paradiesspielen" aufgeführt. Dazu brauchte man einen mit Früchten behängten Baum. Man nahm eine immergrüne Tanne und hängte Äpfel daran – eine Erinnerung daran, dass Eva eine Frucht vom „Baum der Erkenntnis" genommen hatte, obwohl Gott es verboten hatte.

Apfel heißt auf lateinisch „malum". „Malum" kann man aber auch übersetzten mit „das Böse". So wurde schon in der Wortgleichheit eine Verbindung zwischen der Versuchung und dem Apfel hergestellt.

Der Apfel war aber nicht nur Symbol der Versuchung und des Sündenfalls, sondern auch Bild für die Erlösung. In vielen Darstellungen der Kunst sieht man Jesus mit seiner Mutter Maria. Das Jesuskind greift nach einem Apfel, den ihm seine Mutter reicht. So wie er die Frucht vom Baum der Erkenntnis an sich nimmt, nimmt er auch die Sünde der Welt auf sich. Beides wird mit dem Apfel zum Symbol: Sündenfall und Erlösung.

Im Apfel stecken noch weitere Geheimnisse:
Schneidet man ihn quer, also horizontal auf, erblickt man ein 5-kammriges Kerngehäuse, das wie ein symmetrischer Stern aussieht.

Dem Apfel wird auch gesundheitliche Heil-Kraft zugeschrieben. Eine englische Redewendung formuliert es so: „An apple a day keeps the doctor away." Auf deutsch: „Ein Apfel am Tag hält den Doktor fern."
So birgt der Apfel vielerlei Geschichten.

Gebet

Danke für alle wunderbaren Geheimnisse dieser Welt.
Danke für die Früchte dieser Erde
und für die Früchte deines Geistes.

Danke für alle Freiheit und Schönheit, die du uns schenkst.
Danke für alle Genüsse und schönen Erlebnisse,
die du für uns bereit hältst.

Von dir kommt alles und kehrt zurück zu dir.
Mache mein Herz bereit zu teilen mit anderen Menschen:
Güter und Gaben, Erfahrungen und Erkenntnisse.

Dir sei die Ehre und der Dank
für alle Geheimnisse dieser Welt.
Dafür will ich dich loben und preisen.

15. Dezember

Nuss und Mandelkern

Nüsse sind häufige Zutaten für Weihnachtsgebäck.
Oft dienten sie auch als Dekoration am Weihnachtsbaum.
Für viele Kinder waren Nüsse früher ein begehrtes Weihnachtsgeschenk.
In Zeiten von Hungersnöten und bitterer Armut waren diese sehr willkommen, schmackhaft und nährstoffreich.
Darüber hinaus haben sie noch eine tiefere Bedeutung.
Nuss und Mandel wurden als Sinnbild für das Wort Gottes und das Geheimnis der Weihnachtsgeschichte gesehen.
Kindern erzählte man früher beim Backen mit Nüssen folgendes: „In einer hölzernen, scheinbar wertlosen Schale liegt ein süßer Kern verborgen. Der Mensch muss erst lernen, durch die Schale hindurchzudringen, um dann den Kern genießen zu können. In gleicher Weise ist das Weihnachtsgeschehen verborgen und versteckt in einer armseligen Hülle im Stall von Bethlehem."

Ein sehr schöner bildreicher Zusammenhang.
Darin verbirgt sich auch ein Lebensgeheimnis: Wie oft entfalten die harten Nüsse im Leben ihr Geheimnis erst nach dem Knacken?
Manchmal entdecken wir, dass hinter den harten Erfahrungen ein Schatz verborgen liegt.
Meistens erkennen wir das erst im Rückblick. Wenn wir mittendrin stecken, ahnen wir noch nichts von dem Guten, dass sich daraus entfalten wird. Aber in der Rückschau erschließt es sich uns dann.
Oft anders als wir dachten, aber doch segensreich. Manchmal formulieren wir es dann so: Ich möchte es nicht nochmals erleben, aber ich möchte diese Erfahrung auch nicht vermissen. Denn ohne diese schwere Zeit wäre mein Leben um vieles ärmer.

Die „Nüsse", die Gott uns manchmal zu knacken gibt, sind nie so hart, dass wir sie nicht öffnen könnten. Wenn uns eine „Nuss" zu hart erscheint, dürfen wir Gott um einen „Nussknacker" bitten, damit er uns hilft. Und wenn es nur ein neues Verständnis für die Situation ist.

Denn Gottes Kraft vollendet sich in unserer Schwachheit. Nicht wir müssen stark sein, sondern er will mit seiner Stärke in unsere Schwachheit kommen und sich so in unserem Leben gestalten und entfalten.

Auch diese Erfahrung kann zum Schatz werden. Vielleicht sogar zur wichtigsten Erkenntnis im Leben überhaupt.

Gebet

In dir, Christus,
liegen verborgen alle Schätze der Weisheit und der Erkenntnis.
Hinter den schwierigen harten äußeren Umständen des Lebens
ist doch dein Führen verborgen.
Auch hinter dem Unverständlichen und Unlösbaren im Leben
stehen doch dein weiser Wille und deine Liebe.
Hinter dem Verborgenen und Geheimnisvollen
will ich dich immer besser kennen lernen.
Die Schätze, die du in diesem Leben für mich verborgen hast,
möchte ich finden.
Lehre mich begreifen, dass es nicht auf meine Stärke,
sondern auf deine Kraft ankommt.
Diesen Schatz möchte ich entdecken.
Hilf mir dazu.

16. Dezember

Freude an Gott

Noch neun Tage bis Weihnachten. In Lateinamerika (z.B. in Mexiko) werden ab heute neun Tage lang die „Posadas" veranstaltet. „Posadas" heißt übersetzt „Gasthäuser" oder auch „Herbergen". Die neun Tage erinnern dabei an die neun Monate von Marias Schwangerschaft.

In den „Posadas" wird die Herbergssuche von Maria und Josef in Singspielen dargestellt: Gruppen von befreundeten Familien sammeln sich, um singend an Haustüren anzuklopfen und um Herberge zu bitten.

Zuerst werden sie abgewiesen. Nach mehrmaligen Bitten dürfen sie dann aber doch eintreten. Damit wird Bezug genommen auf den Weg nach Bethlehem. Der war für Maria und Josef nicht leicht. *„Es gab keinen Raum in der Herberge"*, heißt es im biblischen Bericht. Und das so kurz vor der Geburt des ersten Kindes. Auch im Johannesevangelium wird es ähnlich formuliert: *„Er kam in sein Eigentum und die Seinen nahmen ihn nicht auf" (Johannes 1,11)*. Von daher ist die anfängliche Abweisung ganz nah am biblischen Bericht.

Der letzte Tag, an dem Posadas gefeiert werden, ist der Heilige Abend. Der Höhepunkt der Feier ist das Aufschlagen der Piñata, ein mit Süßigkeiten gefüllter und mit Pappmaché überzogener Ballon. Jeder darf so viel einsammeln, wie er kann.
Danach wird miteinander gefeiert und gegessen und bis Mitternacht wird auf den Straßen getanzt und musiziert.

Und damit machen unsere lateinamerikanischen Freunde uns etwas vor. Wir dürfen uns freuen. Freuen an der Geburt von Jesus. Freuen an Gott und seinen guten Gaben. Freuen an der Schöpfung und an unseren Mitmenschen. Wir dürfen unserer Freude Ausdruck verleihen mit dem ganzen Körper: Singen, Hüpfen, Tanzen. Auch das ist eine Form der Anbetung Gottes.

Glauben darf eine freudige Sache sein. Gott begegnet uns immer wieder unerwartet. Manchmal packt er unser Leben voll mit Überraschungen, sodass unser Herz überfließt vor Freude. Dafür können wir jeden Tag neu dankbar sein und ganz besonders an Festtagen wie Weihnachten oder Ostern.

Gebet

Herr, deine Freude möchte ich heute mit vollen Händen schöpfen.
Was ich noch verkrampft festhalte, lasse ich los.
Du machst mich frei zum Empfangen.
Meine geschlossenen Fäuste möchte ich öffnen.
Ich halte mich dir bereit.
Meine negativen Gefühle bringe ich dir.
Du willst Verbitterung und Frustration
aus meinem Herzen nehmen.
Dein Frieden und deine Versöhnung sollen einkehren.
Deine Freude soll meine Beziehungen
zu anderen Menschen bestimmen.
Ich darf gelassen sein in jeder Minute dieses Tages.
Deine Freude ist größer als die Hektik und der Stress dieses Tages.
Du kommst mir entgegen.
Wie eine geöffnete Schale möchte ich bereit sein,
deine Freude zu empfangen.
Herr fülle mich mit den Schätzen des Glaubens.
Danke für alle Überraschungen, die du für mich bereithältst.
In dir ist die Fülle. Dank sei dir dafür.

17. Dezember

Lazarus

In der Bibel wird zweimal von einem Lazarus erzählt.

Der eine wird von Jesus auferweckt, nachdem er bereits vier Tage tot war. Diese Geschichte kann man in Johannes 11 nachlesen. Dieses Ereignis war so außergewöhnlich, dass Leute von weit her kamen, um den vom Tod auferweckten Lazarus zu sehen. Sensationstourismus sozusagen (Johannes 12,9).

Jesus weist in diesem Ereignis bereits auf Ostern hin. Er sagt: *„Ich bin die Auferstehung und das Leben. Wer an mich glaubt, wird leben, auch wenn er stirbt"* (Johannes 11,25).

Von einem „armen Lazarus" voller Geschwüre vor der Tür eines reichen Mannes berichtet Jesus in einem Gleichnis (Lukas 16,19ff). Der arme Lazarus bittet um Hilfe. Beide, der reiche Mann und der arme Lazarus, sterben, so erzählt Jesus weiter. Der arme Lazarus landet auf dem Schoß Abrahams, der reiche Mann sitzt im Höllenfeuern und bittet nun seinerseits um Hilfe. Sein Reichtum nützt ihm nach dem Tod nichts mehr.

Das Wort „Lazarett" ist uns bekannt. Es kommt von diesem Gleichnis des kranken und mit Geschwüren bedeckten Lazarus. Das erste Lazarett, ein Aussätzigen-Krankenhaus, wurde 1624 gegründet. Vinzenz von Paul nannte es in Erinnerung an Lazarus „Lazarett". Die späteren Militärkrankenhäuser bekamen dann auch diesen Namen.

In manchen katholischen Gegenden ertönen heute um 15 Uhr alle Kirchenglocken. Man nennt dieses Geläut das „Christkindl-Einläuten". Viele Menschen denken dabei auch besonders an die Armen und Kranken an ihrem Ort und besuchen sie – in Erinnerung an das Lazarusgleichnis und die Auferweckung des Lazarus nach seiner todbringenden Krankheit.

Wie tröstlich, dass im Advent die schweren Themen und das Leid nicht ausgeklammert sind. Jesus kam in diese Welt, um zu sterben und uns durch seine Auferstehung zu erlösen. Sein Weg war von Weihnachten an vorgezeichnet als Weg durch das dunkle Tal des Todes bis hin zum ewigen Leben. So hat er es selbst in Markus 10,45 formuliert.

Wenn wir Weihnachten feiern, dann feiern wir es immer unter diesem Horizont. Zum Glück. Das kann unserem Leben auch Halt und Trost geben, wenn wir mit dem Tod und dem Sterben konfrontiert werden. Weil Jesus auferstanden ist, hat er alle Mächte der Finsternis vernichtet. Sein Reich besteht über die Todesgrenze hinaus. Das Licht seiner Ewigkeit kann so auch in unsere Dunkelheit und Ängste hinein leuchten. Darum gilt: das Leid ist nie das Letzte.

Wenn ich einmal soll scheiden,
so scheide nicht von mir,
wenn ich den Tod soll leiden,
so tritt du dann herfür;
wenn mir am allerbängsten
wird um das Herze sein,
so reiß mich aus den Ängsten
kraft deiner Angst und Pein.

Erscheine mir zum Schilde,
zum Trost in meinem Tod,
und lass mich sehn dein Bilde
in deiner Kreuzesnot.
Da will ich nach dir blicken,
da will ich glaubensvoll
dich fest an mein Herz drücken.
Wer so stirbt, der stirbt wohl.

Paul Gerhardt (EG 85,9.10)

18. Dezember

Zu Bethlehem geboren

In Bethlehem ist Jesus geboren. Dort steht auch die Geburtskirche. Sie wurde im Jahr 325 n.Chr. über der Stelle erbaut, die man als Geburtsort von Jesus kennt. Helena, die Mutter des Kaisers Konstantin, veranlasste den Bau der Kirche. Sie wollte, dass die Stelle der Geburt Jesu nicht in Vergessenheit gerät.

Die Kirche in Bethlehem war die einzige, die die Eroberung durch die Perser im Jahr 614 unbeschadet überstand. Der Grund dafür war ein Mosaik. Dies zeigte die Weisen aus dem „Morgenland". Sie waren in der persischen Tracht gekleidet. Die Eroberer erkannten in ihnen ihre Vorfahren und verschonten die Kirche aus Ehrfurcht und Verbundenheit mit ihnen.

Wer heute diese Kirche besuchen will, muss sich bücken, denn der Eingang zur Kirche ist schmal und niedrig. Er wurde um 1500 zugemauert, um die Kirche vor räuberischen Horden zu schützen, die sonst ungehindert mit ihren Pferden in sie eingeritten wären.

Wer dann zu Pferd kam, musste absteigen und sein Gepäck vor der Türe lassen. Wer heute die Kirche betreten will, muss sich klein machen wie ein Kind. Dies ist vielen Besuchern schon zum Zeichen geworden dafür, wie wir Menschen zu Gott kommen sollen. Wir können abladen und mit leeren Händen kommen, offen und bereit wie Kinder. Und auch demütig vor Gott.

Die Geburtsgrotte befindet sich in einem tiefen Untergeschoss. Dort findet man fast immer Menschen, die singen und anbeten. Zu jeder Jahreszeit erklingen hier Weihnachtslieder.

Ein heller Stern glänzt am Boden an der Stelle, an der die Krippe gestanden haben soll. Irgendwo dort haben die Hirten Gott gelobt,

haben die Weisen ihre Geschenke gebracht, haben sich Maria und
Josef über das Kind gefreut.
Und dort loben und beten bis heute Menschen, die sich darüber
freuen, dass Jesus für uns geboren ist.
Der Stern am Boden erinnert an den Stern über Bethlehem, er hat
14 Zacken. Diese weisen hin auf die drei mal vierzehn Geschlechter:
von Abraham bis König David, von David bis zum babylonischen
Exil, von der Rückkehr aus dem Exil bis Jesus (Matthäus 1,1-17).

O Bethlehem, du kleine Stadt, wie stille liegst du hier,
du schläfst und goldne Sternelein ziehn leise über dir.
Doch in den dunklen Gassen, das ew'ge Licht heut scheint
für alle, die da traurig sind und die zuvor geweint.

Des Herren heilige Geburt verkündet hell der Stern,
und ew'ger Friede sei beschert den Menschen nah und fern;
denn Christus ist geboren, und Engel halten Wacht,
derweil die Menschen schlafen die ganze dunkle Nacht.

O heilig Kind von Bethlehem, in unsere Herzen komm,
wirf alle unsre Sünden fort und mach uns frei und fromm!
Die Weihnachtsengel singen die frohe Botschaft hell:
Komm auch zu uns und bleib bei uns, o Herr Immanuel!

Helmut Barbe (EG 55)
nach dem englischen „O little town of Bethlehem"

19. Dezember

Die Botschaft des Weihnachtsbaumes

Viele erleben es in diesen Tagen: einen Weihnachtsbaum aussuchen, kaufen, nach Hause transportieren. Bald der spannende Moment: Wie passt der Baum in die gute Stube? Wie sieht er aus? Dann der künstlerisch-lustvolle Akt: das Schmücken! Festlich soll er aussehen, stimmungsvoll, strahlend. Wobei interessant ist: Selbst im noch ganz und gar ungeschmückten Baum sind bereits viele Botschaften versteckt:

Mitten im Winter, wo sonst alles kalt und leblos scheint, bringt er mit seiner *grünen Farbe* ein Zeichen des Lebens in unsere Wohnungen. Das Grün ist ein Zeichen der Hoffnung und des neuen Lebens. Dieses will durch Weihnachten zu uns kommen: lebendiges Grün gegen tristes Grau.

Die *Zweige* des Baumes bilden immer wieder die Form des Kreuzes. Damit erinnern sie daran: Krippe und Kreuz gehören zusammen. Weihnachten und Karfreitag kann man nicht trennen. Der Jesus, dessen Geburt wir an Weihnachten feiern, ist für uns den Weg ans Kreuz gegangen. Das Kreuz ist die Chance unseres Lebens für einen Neuanfang. Seine Zweige können dafür ein Zeichen sein.

Die *Gestalt* eines schön gewachsenen Weihnachtsbaumes verjüngt sich. Mit seiner Spitze zeigt er nach oben. Unwillkürlich lenkt er so auch unsere Blicke nach oben. Er erinnert uns daran, dass es auch im Leben besser ist, nach oben zu sehen statt nach unten. Es gibt immer einen Grund zur Hoffnung. Bei Gott ist niemand am Ende. Wer auf ihn sieht, kann wieder hoffen. Darauf sollen wir unsere Herzen richten.

Dann ist der Baum geschmückt. Was sieht man oben an der Spitze? Oft einen besonders schönen Stern oder einen Engel. Beide Schmuckelemente haben eine wichtige Aussage. Das Wesentliche kommt *von oben* – entweder in der Botschaft des Engels an Weihnachten. Oder vom Stern über Bethlehem, der den Sterndeutern aus fernen Landen die ungewöhnliche Botschaft der Geburt des Christuskindes verkündigt hat.

Mehr über den Christbaumschmuck steht am 22. Dezember in diesem Kalender. Der Baum ist auch ein Hinweis auf den Lebensbaum im Paradies. Mehr darüber am 24. Dezember.

Gebet

Herr, für uns bist du gekommen in diese Welt.
Wir feiern dich und deine Geburt.
Aber wir wollen nicht vergessen, was das Ziel deines Lebens war.

Du bist geboren, um für uns zu sterben.
Du bist ins Leid gegangen,
um uns neue Perspektiven für unser Leben zu geben.
Du bist durchgebrochen vom Dunkel ins Licht,
vom Tod ins Leben, von der Verzweiflung in die Hoffnung.

Du bist auferstanden, damit unser Leben
nicht in Verzweiflung und Traurigkeit stecken bleibt.
Bei dir ist der Ort des neuen Lebens,
bei dir können wir loslassen und abladen, was uns quält.
Dein Kreuz ist der Trost unseres Lebens.
Deine Auferstehung ist die Hoffnung unseres Lebens.

Darauf wollen wir schauen, bei allem,
was uns noch quälen oder bedrücken will.
Wir richten den Blick auf dich und deine Zusagen.
Wir bergen uns in deiner Liebe und Barmherzigkeit.
Du lässt uns nicht allein. Danke dafür.

20. Dezember

Der 20. Dezember 1552 war der Todestag von Katharina von Bora, der Ehefrau von Martin Luther. Darum wird am heutigen Tag besonders an sie und ihr Leben mit Martin Luther gedacht.

Martin Luther wollte den Glauben an Christus so alltagsnah und konkret wie möglich formulieren und darstellen. Und das nicht nur in der Kirche, sondern genauso zu Hause, im Kreis der Familie, Freunde und Bekannten. So versuchte er zum Beispiel, in kleinen liturgischen Feiern Glaubensinhalte umzusetzen. Das Lied „Vom Himmel hoch" geht auf eine solche Idee zurück.

Für das Weihnachtsfest im Jahr 1535 hat Luther dieses Lied gedichtet. Er wollte der Weihnachtsfeier im Kreis seiner Familie mit 6 Kindern damit einen ganz besonderen Höhepunkt geben. Der älteste Sohn Johannes war neun Jahre, das jüngste Kind, Margarethe, gerade ein Jahr alt. Nach der Bescherung erzählte er die Geschichte von der Heiligen Nacht, von Maria und Josef, von Bethlehem und den Hirten auf dem Feld, von den Engeln und den himmlischen Chören.

In dem Moment als er von der Verkündigung durch den Engel erzählte, tat sich die Tür auf. Herein trat ein als Engel verkleideter Mann und sang die ersten Strophen des neuen Liedes:

„Vom Himmel hoch, da komm ich her, ich bring euch gute neue Mär,
der guten Mär bring ich so viel, davon ich singen und sagen will.
Euch ist ein Kindlein heut geborn, von einer Jungfrau auserkorn,
ein Kindelein so zart und fein, das soll eu'r Freud' und Wonne sein.
Es ist der Herr Christ, unser Gott, der will euch führn aus aller Not, er
will eu'r Heiland selber sein, von allen Sünden machen rein."

Die Kinder hörten andächtig zu. Nun sollten die Kinder auf die ersten Verse antworten. Die Melodie war allen bekannt, denn sie stammte von einem beliebten Volks- und Tanzlied. So brauchte Vater Luther den Kindern nur noch Satz für Satz vorzusagen, und sie konnten antworten mit:

„Sei mir willkommen, edler Gast! Den Sünder nicht verschmähet hast,
und kommst ins Elend her zu mir, wie soll ich immer danken dir?"

Ein unvergessliches Erlebnis für Eltern und Kinder.
Luther selbst hat einmal in einer Weihnachtspredigt gesagt: „Christen können sich freuen im Herzen ... und tanzen und springen. Das gefällt Gott wohl und tut unserem Herzen sanft. Da sollten wir springen und fröhlich sein, und unser Leben sollte nichts anderes als ein Halleluja sein ..."

Nimm, Herr Jesu, unsere Geburt von uns
und versenke sie in deiner Geburt.
Schenke uns die deine, dass wir darin rein und neu werden,
als wäre sie unser eigen,
dass ein jeder von uns sich deiner Geburt
nicht weniger freuen und rühmen möge,
als wie wenn er auch wie du leiblich von Maria geboren wäre.
Stärke uns den Glauben, dass du ganz unser bist,
ein Kind – uns geboren, ein Sohn – uns gegeben.

Martin Luther

21. Dezember

Thomas-Tag

Jeder der zwölf Jünger von Jesus hat seinen Gedenktag im Jahr. Welchen Tag bekommt derjenige, der am meisten zweifelte? Klar – den kürzesten. Heute ist dieser Tag. Thomastag. Ab heute werden die Nächte wieder kürzer und die Tage länger.

Thomas gehörte zu den skeptischen und wohl auch schwermütigen Menschen. Aus verschiedenen Berichten der Bibel können wir das herauslesen.

Als Jesus nach seiner Auferstehung zu seinen Jüngern kam, war Thomas nicht dabei. Als dieser davon hörte und die Begeisterung der anderen Jünger sah, wollte er ihrem Bericht nicht glauben. Er sagte: *„Wenn ich nicht in seinen Händen die Nägelmale sehe und meinen Finger in die Nägelmale und meine Hand in seine Seite lege, kann ich's nicht glauben" (Johannes 20,25).* Diese Reaktion des Thomas ist einer der Gründe, warum man ihn den Zweifler oder Melancholiker nannte. Als Jesus von seinem nahenden Tod sprach, war es Thomas, der seine Bereitschaft zeigte, mit Jesus zu sterben (Johannes 11,16). Das Dunkle, Traurige oder Negative war ihm sehr vertraut.

Trotz seines Zweifels blieb Thomas mit den Jüngern zusammen und wurde auch von ihnen geduldet. Welche schöne Botschaft liegt darin, dass der Zweifler bei denen bleiben konnte, die von der Auferstehung Jesu wussten. Sie hielten es mit ihm aus.

Kurze Zeit später erschien Jesus den Jüngern ein weiteres Mal und wand sich speziell Thomas zu. Jesus benutzte bei seiner Anrede die gleichen Worte, die Thomas gegenüber den anderen Jüngern formuliert hatte. Daran wird deutlich: Jesus war da, als Thomas zweifelte und hörte dessen Skepsis.

Nach dieser Zuwendung glaubte Thomas an das Wunder der Auferstehung. „Mein Herr und mein Gott", so fällt er vor Jesus nieder und sein Zweifel wandelt sich in der Gegenwart Jesu in Freude und Vertrauen.

Jesus antwortet: *„Selig sind, die nicht sehen und doch glauben"* *(Johannes 20,21).* Jesus sagt das nicht mehr dem Thomas; der hat ja gesehen. Er sagt es uns. Wir dürfen wissen: Jesus, der Auferstandene, ist da, auch wenn wir ihn nicht sehen.

Sieh nicht an, was du selber bist in deiner Schuld und Schwäche.
Sieh den an, der gekommen ist, damit er für dich spreche.
Sieh an, was dir heut widerfährt, heut, da dein Heiland eingekehrt,
dich wieder heimzubringen auf adlerstarken Schwingen.

Glaubst du auch nicht, bleibt er doch treu. Er hält, was er verkündet.
Er wird Geschöpf und schafft dich neu, den er im Unheil findet.
Weil er sich nicht verleugnen kann,
sieh ihn, nicht deine Schuld mehr an.
Er hat sich selbst gebunden, er sucht: du wirst gefunden!

Sieh nicht mehr an, was du auch seist. Du bist dir schon entnommen.
Nichts fehlt dir jetzt, als dass du weißt: Gott selber ist gekommen!
Und er heißt Wunderbar, Rat, Kraft,
ein Fürst, der ewgen Frieden schafft.
Dem Anblick deiner Sünden will er dich selbst entwinden.

Jochen Klepper (EG 539,1.3.4)

22. Dezember

Glitzernde und geschmückte Weihnachtsbäume – für die meisten gehören sie in diesen Tagen dazu. Aber wer weiß um die tiefere Bedeutung des Baumes und seines Schmucks?

Der **Baum** ist ein Hinweis auf den Lebensbaum des Paradieses. Mit ihm hat man am 24. Dezember im Mittelalter an das Paradies erinnert, an die Vertreibung von Adam und Eva – und daran, dass mit dem Kommen von Jesus sich für uns wieder der Zugang zum Paradies öffnet. (Mehr darüber am 24. Dezember; und mehr über den noch ungeschmückten Baum am 19. Dezember).

Äpfel weisen auf diese Geschichte und den Lebensbaum mit seinen Früchten hin. In der Kunst wurde immer wieder Christus oder das Kreuz als der neue Lebensbaum dargestellt. Die Künstler zeigten damit: Durch das Sterben Jesu fließen uns neues Leben und neue Kraft zu. Die Gottesferne wird durch Jesus beendet. Er ist der neue Lebensbaum, der Ort der Versöhnung.

Kerzen am Baum erhellen das Dunkle. Sie geben damit dem Baum ein ganz besonderes Gepräge. Sie erinnern immer auch an das Wort Jesu: *„Ich bin das Licht der Welt. Wer mir nachfolgt, der wird nicht wandeln in der Finsternis, sondern wird das Licht des Lebens haben"* (*Johannes 8,12*). Die ursprüngliche Farbe der Kerzen am Baum war rot, in Erinnerung an das Blut Jesu.

Kugeln am Baum lassen die Geschichte der Weisen anklingen, die dem Kind in der Krippe unter anderem auch Gold brachten, das Kostbarste, das sie kannten. Sie sind in ihrer Form aber auch eine Nachahmung der Äpfel, die der erste Christbaumschmuck waren.

Aber da Kugeln langlebiger als Äpfel sind, wurde dieser Schmuck immer gebräuchlicher.

Sterne rufen uns die Geschichte der Sternkundigen aus dem Morgenland ins Gedächtnis. Der Stern über Bethlehem wies ihnen den Weg. Strohsterne erinnern an das Heu und Stroh in der Krippe und weisen darauf hin, dass Jesus in Armut geboren wurde, um auch das Geringste mit uns zu teilen.

Lametta wird auch Engelshaar genannt. Es ist ein Hinweis auf die Engel auf den Hirtenfeldern in der Geburtsnacht von Jesus. Lametta soll ein Zeichen sein für die himmlische Herrlichkeit, die in den Engeln sichtbar wurde.

Ketten gehörten früher auch zum Weihnachtsschmuck. Sie wiesen darauf hin, dass wir durch das Geschehen der Heiligen Nacht von den Ketten der Schuld frei geworden sind.

Gebet

Vater im Himmel,
wir wollen auf die vielen Zeichen deiner Liebe achten.
Wir bitten dich, dass wir den Reichtum sehen,
der in den Symbolen der Advents- und Weihnachtszeit verborgen ist.
Gib, dass der Kern des Festes durch all die kleinen und großen
Geheimnisse unseren Blick für das Geheimnis deiner Liebe öffnet.
Lass uns zur Ruhe kommen und dein Reden hören.
Lass uns ankommen an deinem Vaterherzen.
Alle Sehnsüchte unseres Herzens werden bei dir gestillt.
Aufatmen und still werden können wir vor dir,
beschenkt werden und getröstet sein. Lob sei dir dafür.

23. Dezember

Geschenke

Geschenke sind etwas Schönes.

Wenn sich jemand Gedanken gemacht hat, womit man uns eine Freude machen kann, ist das ein Zeichen von Liebe und Wertschätzung.

Und umgekehrt auch: sich zu überlegen, wer was bekommt, kann Spaß machen. Aber es kann auch Stress bringen.

Wenn uns absolut nichts Passendes einfällt für den Schwiegersohn oder die seltsame Tante: Was dann? Und was schenken wir jemandem, der schon alles hat? Nicht immer so einfach.

Die eigentliche Wurzel des Schenkens an Weihnachten liegt in dem Geschenk, das Gott selber macht: Er schenkt uns seinen Sohn.

Alle unsere Weihnachtsgeschenke können geprägt und beflügelt sein von der Freude an Gottes Geschenk für uns. So können sie ein Zeichen sein für die Liebe, die damit in unsere Welt gekommen ist.

Je mehr wir diesen eigentlichen Sinn wiederentdecken, desto schneller finden wir zu einem normalen Maß des Schenkens, auch in unseren Familien oder im Bekanntenkreis. Und vielleicht kommt uns dadurch sogar manch neue Idee für ein Geschenk.

Es ist schön, jemanden zu beschenken und sich an seiner Freude mitzufreuen. Aber es ist fast noch wichtiger, sich beschenken lassen zu können, ohne gleich an ein Gegengeschenk zu denken. Das greift Jesus auf, wenn er sagt: *„Wenn ihr nicht umkehrt und werdet wie die Kinder, so werdet ihr nicht ins Himmelreich kommen"* (Matthäus 18,3).

Kinder können sich etwas schenken lassen. Und freuen sich – einfach so. Genauso dürfen wir uns auch von Gott beschenken lassen.

Ohne eigenen Verdienst und ohne Gegenleistung bekommen wir die Liebe Gottes geschenkt. Gerade an Weihnachten wird dieses Wunder besonders deutlich: Aus Liebe kommt Gott in diese Welt und schenkt sich uns bedingungslos. Das gilt uns allen ohne Ausnahme.

Auch Kindern gegenüber sollten wir ehrlich formulieren, woher die Geschenke kommen. Nicht von Märchenfiguren wie dem Weihnachtsmann. Sonst wird Weihnachten auch ganz schnell zu einem Märchen. Nein, Weihnachten ist kein Märchen. Nicht das Christkind bringt die Geschenke, sondern wegen des Christuskindes und unserer Freude darüber machen wir uns gegenseitig Geschenke.

Gebet

Herr, nun haben wir in den letzten Wochen Advent gefeiert.
Danke für den Reichtum dieser Zeit.
Danke für die vielen Zeichen, in denen du uns begegnet bist.
Danke für Kerzen und Begegnungen, für Gottesdienste,
Lieder und Musik. Danke, dass durch all das immer wieder
deine Gegenwart durchgeleuchtet hat.
Du bist das größte Geschenk unseres Lebens.
Was du zu bringen hast, ist mehr wert als alle äußeren Mühen,
mehr wert als das teuerste Geschenk, das wir jemals gekauft haben.

Lass uns das kommende Fest nun auch feiern
in dieser Freude an deinem Geschenk.
Gib uns Dankbarkeit für die Menschen, die wir um uns haben.
Hilf, dass dein Friede unsere Herzen erfüllt,
auch in den letzten Vorbereitungen.
Bewahre uns vor Enttäuschungen und Streit.
Gib uns offene Augen für die Menschen,
die es in diesen Tagen besonders schwer haben.
Danke, dass dein Kommen uns wirklich reich macht.

24. Dezember

Heiligabend, Adam und Eva

Heute ist Heiligabend. Der lang ersehnte Tag ist da. Endlich. Kinder können es oft kaum erwarten. Die Ungeduld steigt. Jetzt werden Geheimnisse gelüftet. Das lange Warten hat ein Ende. Wir feiern Weihnachten, das Kind in der Krippe, Christus ist geboren.

Doch eigentlich ist erst der 25. Dezember der Weihnachtstag. Der Tag heute hat zunächst eine andere Bedeutung. Er heißt „Adam-und-Eva-Tag". Adam und Eva hatten sich durch Ungehorsam und Misstrauen die innige Beziehung zu Gott verspielt. Sie wurden aus dem Paradies vertrieben. Vor den Eingang stellte Gott Cherubim als Wache auf (1. Mose 3,24). Ein Rückweg war nicht möglich. Das Paradies war verschlossen. Weihnachten ist die Gegenbewegung dazu: Wir sind wieder eingeladen in diese Gemeinschaft mit dem Vater. Jesus öffnet uns die Tür zum Paradies wieder.

Im Mittelalter erinnerten die Menschen mit „Paradiesspielen" an diesen Zusammenhang. Theatergruppen stellten das Geschehen vor Augen. Zu den Requisiten gehörte dabei auch der Lebensbaum des Paradieses. Dazu nahm man einen immergrünen Baum, in unseren Regionen also eine Fichte oder Tanne, und behängte ihn mit Äpfeln. So entstand die Tradition unseres heutigen Weihnachtsbaums. Später, vor allem in national-germanisierenden Strömungen, wurde er heidnisch umgedeutet und z.B. als „Jultanne" bezeichnet. Doch die Wurzeln liegen im Paradies, bei Adam und Eva und dem Lebensbaum. Noch bis ins 20. Jahrhundert hinein war es in einigen Gegenden üblich, um den Weihnachtsbaum herum ein „Paradiesgärtchen" zu gestalten.

Weihnachten bedeutet: Jesus hat für alle Menschen den Zugang zum Paradies eröffnet. Den Heiligen Abend als Festgottesdienst zu gestalten, hat sich aus der Vesper, dem Abendgebet der Mönche vor dem Hochfest, entwickelt. Im Laufe des 20. Jahrhunderts hat der Heiligabend-Gottesdienst immer mehr an Bedeutung gewonnen. An vielen Orten gab es die „Lichtleskirche": Familien brachten Laternen mit und zündeten ihre Kerzen an denen auf dem Christbaum in der Kirche an. So wurde das Weihnachtslicht nachhause getragen.

Manche Familien haben ein besonderes Ritual für diesen Abend: Alle stellen sich im Dunkeln vor dem Weihnachtszimmer auf. Dann werden Verse aus der Sündenfallgeschichte in 1. Mose 3 gelesen. Die Dunkelheit verdeutlicht die Ferne von Gott. Danach wird miteinander gesungen: *„Heut schließt er wieder auf die Tür zum schönen Paradeis; der Cherub steht nicht mehr dafür, Gott sei Lob, Ehr und Preis!"* Im Anschluss gehen alle miteinander in das Weihnachtszimmer und feiern miteinander den Geburtstag von Jesus.

Weihnachtsgebet

Welch ein Geheimnis der Liebe!
Du wirst ein Kind – schwach und hilflos,
niemand muss sich vor dir fürchten.
Du zeigst dich ganz klein und nah.
Weihnachten ist das Ende der Dunkelheit.
Seitdem ist nichts mehr wie vorher.
Die Liebesspuren deines Kommens
haben sich tief in unsere Welt eingefurcht.
Die Tür zum Paradies ist wieder offen.
Wie Kinder sich freuen, so will auch ich mich freuen,
dass du ein Kind geworden bist für mich, für uns.
Diese Freude will ich mitnehmen in jeden neuen Tag.
Danke, Jesus, für dein Kommen,
danke lieber Vater im Himmel für Weihnachten.

Die Weihnachtsgeschichte nach Lukas
(Lukas 2,1-20)

Es begab sich aber zu der Zeit, dass ein Gebot von dem Kaiser Augustus ausging, dass alle Welt geschätzt würde.

Und diese Schätzung war die allererste und geschah zur Zeit, da Quirinius Statthalter in Syrien war. Und jedermann ging, dass er sich schätzen ließe, ein jeglicher in seine Stadt.

Da machte sich auf auch Josef aus Galiläa, aus der Stadt Nazareth, in das judäische Land zur Stadt Davids, die da heißt Bethlehem, darum dass er von dem Hause und Geschlechte Davids war, auf dass er sich schätzen ließe mit Maria, seinem vertrauten Weibe; die war schwanger.

Und als sie daselbst waren, kam die Zeit, dass sie gebären sollte. Und sie gebar ihren ersten Sohn und wickelte ihn in Windeln und legte ihn in eine Krippe; denn sie hatten sonst keinen Raum in der Herberge.

Und es waren Hirten in derselben Gegend auf dem Felde bei den Hürden, die hüteten des Nachts ihre Herde. Und des Herrn Engel trat zu ihnen, und die Klarheit des Herrn leuchtete um sie; und sie fürchteten sich sehr.

Und der Engel sprach zu ihnen: Fürchtet euch nicht! Siehe, ich verkündige euch große Freude, die allem Volk widerfahren wird; denn euch ist heute der Heiland geboren, welcher ist Christus, der Herr, in der Stadt Davids.

Und das habt zum Zeichen: Ihr werdet finden das Kind in Windeln gewickelt und in einer Krippe liegen. Und alsbald war da bei dem Engel die Menge der himmlischen Heerscharen, die lobten Gott und sprachen:

Ehre sei Gott in der Höhe und Friede auf Erden bei den Menschen seines Wohlgefallens.

Und da die Engel von ihnen gen Himmel fuhren, sprachen die Hirten untereinander: Lasst uns nun gehen gen Bethlehem und die Geschichte sehen, die da geschehen ist, die uns der Herr kundgetan hat. Und sie kamen eilend und fanden beide, Maria und Josef, dazu das Kind in der Krippe liegen. Da sie es aber gesehen hatten, breiteten sie das Wort aus, welches zu ihnen von diesem Kinde gesagt war.

Und alle, vor die es kam, wunderten sich über die Rede, die ihnen die Hirten gesagt hatten.

Maria aber behielt alle diese Worte und bewegte sie in ihrem Herzen. Und die Hirten kehrten wieder um, priesen und lobten Gott für alles, was sie gehört und gesehen hatten, wie denn zu ihnen gesagt war.

25. Dezember

Die Geburt Jesu

Die Geburt Jesu – ein aufregendes Ereignis. Nicht wirklich romantisch, aber außergewöhnlich. Maria musste sich hochschwanger auf den Weg machen – wegen der von Kaiser Augustus befohlenen Steuerschätzung. 150 km wanderte sie vermutlich zu Fuß von Nazareth nach Bethlehem. Sie konnte ihr Kind nicht zu Hause zur Welt bringen. Nur das Nötigste konnte sie mitnehmen.

Schon von Anfang an flüchtend – so kommt Gott zur Welt: Kein Platz in einem wohlig warmen Wohnraum. Nein, in einer zugigen und ärmlichen, überfüllten Unterkunft kam er zur Welt. In einen Futtertrog wurde Jesus gelegt, es gab sonst keinen Platz für ihn. Ärmlich, bedrängt und hilflos – so erniedrigt sich Gott in unsere Welt hinein.

Und doch war dies Geschehen durchzogen von Gottes Heiligkeit. Den Hirten auf dem Feld erschien ein Engel, voller Licht, Klarheit und kräftiger Ansage: „Der Retter der Welt ist geboren", so tönt es durch die Nacht. Nach dieser Botschaft, voll großer Freude und furchterregend zugleich, erschien eine ungezählte Menge von himmlischen Heerscharen, die in Entzücken und Jauchzen ausbrachen. Sie lobten Gott: *„Ehre sei Gott in der Höhe und Friede auf Erden den Menschen seines Wohlgefallens"* – das „Gloria" über dem Feld, über der Welt. Sofort machten sich die Hirten zur Krippe auf. Sie erzählten Maria und Josef, was sie gesehen und gehört hatten. Und nicht nur ihnen, sondern allen anderen, denen sie danach noch begegneten. Und alle, die davon erfuhren, verwunderten sich sehr. Und die Hirten priesen und lobten Gott. Freude wurde weit, Begeisterung breitete sich aus. Das berichtet Lukas im 2. Kapitel seines Evangeliums.

Maria *„behielt alle diese Worte und bewegte sie in ihrem Herzen"* (Lukas 2,19). Sie wiederholte die Worte also immer wieder. Sie lernte auswendig, was sie gehört hatte. Sie nahm sie mit auf ihren Lebensweg. Auch in die schweren und unverständlichen Situationen. Die Worte und Erlebnisse waren in ihr ständig präsent. Damit zeigt sie uns ein geistliches Geheimnis. Wenn wir Worte Gottes im Herzen bewegen, dann werden sie immer vertrauter. Dann entfalten sie ihre Macht mehr und mehr.

Gott wurde arm für uns, damit wir durch seine Armut
reich werden, wurde Gott arm für uns.
Reichtum, Ehre, Karriere, Einfluss, Macht und Geld,
all das suchen wir und sind doch einsam in der Welt.
Wir sind nie zufrieden, nein wir wollen immer mehr
und doch bleiben unsre Herzen leer.
Gott ließ uns nicht laufen. Kommt und hört den Freudenton:
Als die Zeit erfüllt war, sandte Gott uns seinen Sohn.
Er verließ den Himmel, wurde Mensch, genau wie wir.
Seine Armut öffnet uns die Tür.
Von der Krippe bis zum Tod am Kreuz auf Golgatha
trug Gott unsre Sünde. Unsre Rettung ist nun da.
Er schenkt uns das Leben, er gibt uns Geborgenheit.
Seine Gnade trägt uns durch die Zeit.
Gott wurde arm für uns, Gott wurde arm für uns,
damit wir durch seine Armut reich werden, wurde Gott arm für uns.

Peter Strauch

26. Dezember

Stephanus-Tag

Stephanus war der erste Märtyrer, der wegen seines Glaubens an Jesus getötet wurde. Dies geschah im Jahr 34 oder 35 n.Chr.
Er spielte für die Urgemeinde eine wichtige Rolle. Die Zahl der Christen wuchs stetig. Doch bald wurden in der Gemeinde Klagen laut.
Sie kamen von den Griechisch sprechenden Mitgliedern, die aus anderen Ländern zugezogen waren. Die warfen den Hebräisch sprechenden Einheimischen vor, ihre Witwen bei der täglichen Speisung zu übergehen.
Deswegen wurde eine Gemeindeversammlung zur Lösung dieses Problems einberufen. Das Ergebnis: Sieben Männer wurden ausgewählt. Diese kümmerten sich darum, dass es gerecht zuging und waren für die diakonischen Belange zuständig. Zu diesen sieben gehörte auch Stephanus. Er war ganz erfüllt von der Gnade und Kraft Gottes. So konnte er beim Volk Wunder und große Zeichen vollbringen. Das erregte den Ärger der jüdischen Gerichtsbarkeit, des Hohen Rates.

Diese wollten ihn wegen seiner Begeisterung für Jesus Christus und seiner Verkündigung mundtot machen. Sie suchten Zeugen, die vor Gericht Falschaussagen gegen ihn machten. Ganz ähnlich wie nicht lange zuvor bei Jesus. Im Gerichtsprozess konnte sich Stephanus in einer langen Rede zwar verteidigen. Das Ende davon aber erregte große Wut und Betroffenheit bei den Anklägern. Besonders ärgerlich reagierten sie auf seine Aussage: *„Siehe, ich sehe den Himmel offen und den Menschensohn zur Rechten Gottes stehen."* Mit dem Menschensohn meinte er den auferstandenen Christus. Dies brachte das Fass zum Überlaufen. Sofort führten die Ankläger ihn vor die Tore der Stadt und steinigten ihn. Im Sterben betete er noch für seine Mörder: *„Herr, rechne ihnen diese Sünde nicht an."* Genau wie Jesus, der am Kreuz für seine Mörder betete. Die letzten Worte des Stephanus lauteten: *„Herr Jesus, nimm meinen Geist auf!"* (nachzulesen in Apostelgeschichte 6 und 7).

In Erinnerung an Stephanus und seinen Tod wurde im Mittelalter ein spezielles Gebäck hergestellt, die „Moppen", auch „Pflastersteine" genannt, handtellergroße, runde Honigkuchen, überzogen mit einem dicken weißen Zuckerguss. Auch die süßen Dominosteine erinnern an die Steine, mit denen Stephanus getötet wurde. Beim Verzehr sollte verdeutlicht werden, dass auch das Härteste und Bitterste süß werden kann, wenn es im Glauben an Gott angenommen wird.

Der 26. Dezember ist – auch in Erinnerung an Stephanus – der Tag, an dem an die weltweit verfolgten Christen gedacht wird.

Gebet
Herr Jesus,
Du hast dich am Kreuz an deinen Vater im Himmel gewendet.
Stephanus hat im Sterben den Himmel offen gesehen.
Wie gut, dass wir wissen können, dass der Tod nicht das Letzte ist.
Ich will mich ausrichten auf dich und deine Ewigkeit.
Lass das Licht deiner Herrlichkeit jeden Tag mein Leben erleuchten.
So wird auch das Dunkle hell und die Hoffnung
auf dein Reich wächst.

27. Dezember

Johannestag

Der heutige Tag ist dem Jünger Johannes gewidmet. Wir kennen ihn und auch seinen Bruder Jakobus aus vielen Erzählungen des Neuen Testaments. Sie wuchsen am See Genezareth auf; wie ihr Vater Zebedäus waren sie Fischer. Auch ihre Mutter wird in den Evangelien immer wieder genannt.

Johannes und Jakobus gehörten zum engsten Kreis der Jesus-Jünger. Sie hörten Jesus lehren, erlebten seine Wunder, waren bei der Verklärung Jesu dabei und folgten ihm nach Jerusalem. Nach der Auferstehung Jesu gehörten sie zum Kreis der angesehenen Apostel.

Das Johannesevangelium berichtet an einigen Stellen (13,23 u.a.) von einem „Lieblingsjünger". Viele Ausleger sehen in ihm den Jünger Johannes. Spätere Berichte schildern ihn als Bischof in Ephesus und als Verfasser des Johannesevangeliums, der drei Johannesbriefe und der Offenbarung, die er von Gott auf der Insel Patmos empfangen hat. Neben Petrus und Paulus gehörte Johannes zu den wichtigsten und prägendsten Persönlichkeiten der jungen christlichen Kirche.

Von Bischof Johannes in Ephesus wird Folgendes erzählt. In seinen Predigten brachte er seine Überzeugung zum Ausdruck, dass wir als Nachfolger Jesu unter dem Schutz Gottes stehen und dass uns auch böse Mächte nichts anhaben können. Dies reizte – nach einem außerbiblischen Bericht – den heidnischen Priester Aristodemus. Er nahm Johannes beim Wort und forderte ihn auf, die Wahrheit seiner Predigt zu beweisen, indem er einen Becher mit vergiftetem Wein austrinken sollte.

Johannes trank den Wein und blieb völlig gesund.

Zum Gedenken an dieses Ereignis trank man noch bis weit ins 20. Jahrhundert hinein am dritten Weihnachtstag die sogenannte „Johannesminne", einen geweihten Wein. Beim Trinken sprach man sich gegenseitig Segenssprüche zu. Auch Martin Luther pflegte diesen Brauch.

Das Weihnachtsevangelium des Johannes
(Johannes 1,1-5.11-14)

Im Anfang war das Wort,
und das Wort war bei Gott,
und Gott war das Wort.
Dasselbe war im Anfang bei Gott.

Alle Dinge sind durch dasselbe gemacht,
und ohne dasselbe ist nichts gemacht, was gemacht ist.
In ihm war das Leben,
und das Leben war das Licht der Menschen.
Und das Licht scheint in der Finsternis,
und die Finsternis hat's nicht ergriffen. ...

Er kam in sein Eigentum;
und die Seinen nahmen ihn nicht auf.
Wie viele ihn aber aufnahmen, denen gab er Macht,
Gottes Kinder zu werden:
denen, die an seinen Namen glauben,
die nicht aus menschlichem Geblüt
noch aus dem Willen des Fleisches
noch aus dem Willen eines Mannes,
sondern aus Gott geboren sind.

Und das Wort ward Fleisch
und wohnte unter uns,
und wir sahen seine Herrlichkeit,
eine Herrlichkeit als des eingeborenen Sohnes
vom Vater, voller Gnade und Wahrheit.

28. Dezember

Der heutige Tag hat ein schweres Thema. Er erinnert an den Kindermord zu Bethlehem, an die kleinen unschuldigen Kinder, die König Herodes ermorden ließ.

Dieser Tag thematisiert damit auch das Leid aller Mütter und Väter, die ein Kind verloren haben.

Herodes war ein grausamer Herrscher. Vor Konkurrenz hatte er Angst und reagierte oft misstrauisch, willkürlich und äußerst brutal. Er ließ immer wieder mögliche Rivalen ermorden, später auch die Söhne seiner leidenschaftlich geliebten Frau Mariamne.

Als die Weisen, die wir die „heiligen drei Könige" nennen, zu ihm kamen, erzählten sie ihm, sie hätten aus den Sternen ein außergewöhnliches Ereignis gelesen: Die Geburt eines neuen Königs bei den Juden. Deswegen hatten sie sich auf den langen Weg nach Jerusalem gemacht. Diesen neuen König der Juden wollten sie finden und ihm huldigen. Herodes beunruhigte das sehr. Das durfte nicht sein! Ein neuer König, der ihm den Thron streitig machen könnte.

So verlangte er von den Weisen, dass diese ihm Bericht erstatten sollten, wenn sie den neugeborenen König gefunden hatten. Doch ein Engel wies sie im Traum an, auf einem anderen Weg heimzukehren. Dies taten sie dann auch.

Vermutlich war Herodes darüber sehr aufgebracht. Keine Information! Um auf Nummer sicher zu gehen, ließ er deswegen alle Knaben von Bethlehem im Alter bis zu zwei Jahren umbringen. Was für ein schreckliches Leid in Bethlehem. Welches Wehklagen, welche Trauer und vielleicht auch Wut auf diesen brutalen Herrscher. Man kann sich das nicht drastisch genug vorstellen.

An dieser Geschichte erkennen wir, dass das Leben Jesu schon zu Beginn durch Verfolgung, Missgunst und Tod bedroht war. Josef aber war durch einen Engel im Traum gewarnt worden. Darum war Jesus zum Zeitpunkt der Razzia durch die Soldaten bereits mit seinen Eltern auf der Flucht nach Ägypten. Von dort kehrten sie erst nach dem Tod des Herodes wieder zurück.

Christen in Ägypten sind bis heute sehr stolz darauf, damals Maria, Joseph und Jesus beherbergt haben zu dürfen.

Der Christstollen ist das spezielle Gebäck dieses Tages. Die Form des Stollens erinnert an in Windeln gewickelte Kinder. Ursprünglich wurde der Teig vor dem Backen wie Windeln übereinandergeschlagen. Früher war es üblich, den Weihnachtsstollen erst am heutigen Tag anzuschneiden. In manchen Gegenden ist es Brauch, einen Stollenlaib bis zum Osterfest aufzubewahren. Der Zusammenhang von Geburt und Sterben Jesu wird so durch das Gebäckstück verdeutlicht.

flucht nach ägypten

nicht

ägypten

ist

fluchtpunkt

der flucht

das kind

wird gerettet

für härtere tage

fluchtpunkt

der flucht

ist

das kreuz

Kurt Marti

29. Dezember

Thomas Becket

Der heutige Tag erinnert an Thomas Becket (1118-1170). Er war Erzbischof in Canterbury (England) und starb am 29. Dezember 1170.

Weil er die Politik seines Königs, Heinrich II, nicht unterstützen wollte, wurde er in seiner Kathedrale erschlagen. Zuvor war er aber lange Zeit Berater und Freund des Königs gewesen. Dadurch hatte er sich in seinem Lebensstil immer mehr dem des englischen Königshauses angeglichen und genoss manchen Luxus. Der König hoffte, durch seine nahe Beziehung zu ihm mehr Einfluss auf die Kirche nehmen zu können und seine Macht auszuweiten.

Irgendwann änderte Thomas Becket seine Gesinnung. Er änderte seinen Lebensstil, verschenkte seinen Besitz an Arme und wehrte sich heftig gegen Übergriffe des Königs und seine Einflussnahme auf die Kirche.
Der König und seine Gefolgschaft gerieten so immer mehr in Konflikt mit Thomas Becket. Dies führte schließlich zu dessen Ermordung am 29. Dezember 1170. Er starb durch das Schwert eines Ritters auf den Stufen des Altars in der Kathedrale zu Canterbury. Noch im Sterben predigte er seinen Mördern.

Vier Jahre nach seinem Tod unternahm der König eine Reise zu Thomas' Grab und tat Buße.

Bei dir Jesu will ich bleiben, stets in deinem Dienste stehn;
nichts soll mich von dir vertreiben, will auf deinen Wegen gehen.
Du bist meines Lebens Leben, meiner Seele Trieb und Kraft,
wie der Weinstock seinen Reben zuströmt Kraft und Lebenssaft.

Könnt ich's irgend besser haben als bei dir, der allezeit
soviel tausend Gnadengaben für mich Armen hat bereit?
Könnt ich je getroster werden als bei dir, Herr Jesu Christ,
dem im Himmel und auf Erden alle Macht gegeben ist?

Wo ist solch ein Herr zu finden, der, was Jesus tat, mir tut:
mich erkauft von Tod und Sünden mit dem eignen teuren Blut?
Sollt ich dem nicht angehören, der sein Leben für mich gab,
sollt ich ihm nicht Treue schwören, Treue bis in Tod und Grab?

Ja, Herr Jesu, bei dir bleib ich so in Freude wie in Leid;
bei dir bleib ich, dir verschreib ich mich für Zeit und Ewigkeit.
Deines Winks bin ich gewärtig, auch des Rufs aus dieser Welt;
denn der ist zum Sterben fertig, der sich lebend zu dir hält.

Bleib mir nah auf dieser Erden, bleib auch, wenn mein Tag sich neigt,
wenn es nun will Abend werden und die Nacht herniedersteigt.
Lege segnend dann die Hände mir aufs müde, schwache Haupt,
sprich: „Mein Kind, hier geht's zu Ende; aber dort lebt, wer hier glaubt."

Bleib mir dann zur Seite stehen, graut mir vor dem kalten Tod
als dem kühlen, scharfen Wehen vor dem Himmelsmorgenrot.
Wird mein Auge dunkler, trüber, dann erleuchte meinen Geist,
dass ich fröhlich zieh hinüber, wie man nach der Heimat reist.

Philipp Spitta (EG 406,1-6)

30. Dezember

Liebe zu Jesus

Am Jahreswechsel tauchen Fragen auf: Was war gut und schön? Wofür sind wir dankbar? Was ist gelungen?

Aber auch: Haben wir im vergangenen Jahr das Richtige getan? Sind wir mit unseren Mitmenschen liebevoll und in Würde umgegangen? Haben wir Jesus die Ehre gegeben oder mehr nach eigener Ehre gesucht? Haben wir in der Liebe zu Christus gelebt?

Die Beziehung zwischen uns und Christus wird in der Bibel immer wieder verglichen mit der Beziehung von Braut und Bräutigam. Die „Brautzeit", wie man sie früher nannte, ist ja schon eine ganz besondere Zeit. Dieses sehnsüchtige Warten aufeinander, die Vorfreude auf die Hochzeit und dann auf die gemeinsame Zeit. Welche Spannung liegt da in der Luft. Welche Vorfreude auf den Moment, ab dem beide einander ganz gehören werden. Schon die Nennung des Namens des anderen lässt das Herz höher schlagen und zaubert ein Leuchten in die Augen. Genauso soll und darf unsere Beziehung zu Christus sein. Wir dürfen verliebt sein in Christus. Er will und soll das Wichtigste unseres Lebens sein.

Dieses Thema hat wohl auch Martin Schalling umgetrieben und beflügelt. Der heutige Tag ist sein Gedenktag. Er lebte von 1532 bis 1608. Von ihm ist uns ein einziges Lied im Evangelischen Gesangbuch überliefert. Er wurde in Straßburg geboren, studierte bei Melanchthon, dem Freund Luthers, und wirkte dann als Pfarrer in Regensburg, Bamberg und Nürnberg. Dort starb er Ende Dezember 1608.

Eine Frage trieb ihn immer wieder um: Wie können wir Jesus lieben? Wie können wir seine Liebe annehmen und weitergeben? Dies spiegelt sich in seinem Lied: „Herzlich lieb hab ich dich, o Herr".

Herzlich lieb hab ich dich, o Herr.
Ich bitt, wollst sein von mir nicht fern mit deiner Güt und Gnaden.
Die ganze Welt erfreut mich nicht,
nach Erd und Himmel frag ich nicht, wenn ich nur dich kann haben.
Und wenn mir gleich mein Herz zerbricht,
so bist du doch mein Zuversicht,
mein Teil und meines Herzens Trost,
der mich durch sein Blut hat erlöst.
Herr Jesu Christ, mein Gott und Herr,
mein Gott und Herr, in Schanden lass mich nimmermehr.

Es ist ja, Herr, dein G'schenk und Gab,
mein Leib und Seel und was ich hab in diesem armen Leben.
Damit ich's brauch zum Lobe dein,
zu Nutz und Dienst des Nächsten mein,
wollst mir dein Gnade geben.
Behüt mich, Herr, vor falscher Lehr, des Satans Mord und Lügen wehr;
in allem Kreuz erhalte mich, auf dass ich's trag geduldiglich.
Herr Jesu Christ, mein Herr und Gott,
mein Herr und Gott, tröst mir mein Seel in Todesnot.

Ach Herr, lass dein lieb' Engelein
an meinem End die Seele mein in Abrahams Schoß tragen.
Der Leib in seim Schlafkämmerlein
gar sanft ohn alle Qual und Pein ruh bis zum Jüngsten Tage.
Alsdann vom Tod erwecke mich, dass meine Augen sehen dich
in aller Freud, o Gottes Sohn, mein Heiland und mein Gnadenthron.
Herr Jesu Christ, erhöre mich, erhöre mich.
Ich will dich preisen ewiglich.

Martin Schalling (EG 397,1-3)

31. Dezember

Silvester

Der Name des heutigen Tages geht auf Papst Silvester zurück. Der 31. Dezember 355 n.Chr. ist sein Todestag. Genau 21 Jahre zuvor, am 31. Dezember 334 wurde er als Papst eingesetzt. Er war Papst zur Zeit des Kaisers Konstantin. Nach einer Legende bekehrte sich der Kaiser zum christlichen Glauben. Dazu trug angeblich auch eine Heilung von Aussatz durch die Gebete des Papstes Silvester bei. Konstantin erlaubte zunächst die freie Religionsausübung des Christentums; später ernannte er es zur Staatsreligion. Das Konzil von Arles 314 und das Konzil von Nicäa 325 fanden während seiner Regierungszeit statt.

So beendete Konstantin die jahrzehntelangen Christenverfolgungen. Eine neue Zeit der Freiheit und des Aufatmens begann für die Christen.

Als Dank für seine Heilung schenkte Kaiser Konstantin Papst Silvester den „Lateran", den damaligen Kaiser- und späteren Papstpalast in Rom, dazu die gesamte westliche Hälfte des römischen Reiches. Dies nannte man die „Konstantinische Schenkung".

Spätere Päpste leiteten daraus auch einen Rechtsanspruch auf politisch-geistliche Führung ab. Die neue Freiheit brachte damit auch eine Gefährdung mit sich: eine Vermischung von geistlichen und weltlichen Inhalten, von geistlicher Führung und politischer Macht. Dies veranlasste Luther später zu seiner Kritik an der Papst-Kirche.

Viele Menschen feiern am heutigen letzten Tag des Jahres auch im Gottesdienst. Im Dank für das Vergangene und in Vorausschau auf das Kommende. Beim Jahreswechsel miteinander vor Gott treten – ganz im Sinn des Silvester – ist ein schöner Brauch.

Gebet

Herr Jesus Christus,
du bist der Herr der Welt und der Herr der Zeit.
Auch meine Zeit steht in deinen Händen,
die vergangene Zeit des alten Jahres
und die kommende Zeit des neuen Jahres.

Herr, vor dich bringe ich alles Belastende und Schwere,
das mich noch ins neue Jahr hinein begleitet und gefangen nimmt.
Im Dank stehe ich vor dir für alles Gute und allen Segen
des vergangenen Jahres. So vieles habe ich von dir empfangen.

Alle Lasten lade ich bei dir ab
und bringe sie unter deine vergebende Macht.
Keine Schuld ist zu groß
Keine Trennung zu tief,
kein Fehler zu mächtig,
dass du nicht vergeben könntest.

Lehre mich immer wieder,
nach deinem Willen zu leben.
Schenke mir die Weisheit,
deinen Weg mit mir zu erkennen.
Auch im neuen Jahr möchte ich
mit ungeteiltem Herzen dir dienen
und deinen Namen ehren.

1. Januar

Neujahr – Fest der Beschneidung Jesu

Ein frohes, gesegnetes neues Jahr! Ja, auch in einem Adventskalender hat der Neujahrstag seinen Platz. Obwohl das Kirchenjahr nicht am 1. Januar, sondern am ersten Advent beginnt. Aber in der christlichen Tradition hat auch der heutige Tag seine Bedeutung: Am 8. Tag nach der Geburt sollen die Jungen beschnitten werden. So schreibt es das Mosegesetz vor (3. Mose 12,3). Dabei wird der Name des Kindes genannt. Auch bei Jesus war das so. Seine Eltern gaben ihm den Namen Jesus. Dies hatte der Engel Gabriel so verfügt (Lukas 2,21). Daran denken wir am heutigen Tag.

Abraham bekam als erster von Gott die Anweisung zur Beschneidung. Sie ist ein äußeres Merkmal für den Bund Gottes mit seinem Volk (1. Mose 17,12). Von Abraham an wurde dies bei allen seinen männlichen Nachkommen Brauch.

Wie schön, wenn Eltern wissen, dass Kinder nicht ihr Besitz sind, sondern ihrem Schöpfer gehören. Das ändert den Stil der Erziehung und ihr Verhalten. Eltern haben keine Verfügungsmacht über ihre Kinder. Diese Einsicht bewahrt Eltern auch davor, Kinder zur Selbstdarstellung zu benutzen.

Maria und Josef wussten: Ihr Kind gehört Gott, kommt von ihm und geht zu ihm. Auch aus anderen Geschichten wird dies deutlich. Maria kann sich zurücknehmen. Sie weiß, dass Jesus nicht ihr Eigentum ist.

Auch wir können das neue Jahr im Vertrauen auf die Zugehörigkeit beginnen. Wir gehören Christus. Er hat die Verfügung über uns, die Deutungshoheit und die Weisungsbefugnis.

Ein neues Jahr ist oft vollgepackt mit Erwartungen, Vorfreude und Hoffnung, mit guten Vorsätzen. Bei allem, was kommen wird, bei allem Gelingenden und bei allem Scheitern: Wir gehören Christus.

Wir haben unseren Lebensweg nicht in der Hand, wir können Unglück nicht abwehren und Glück nicht erzwingen. Aber wir können vertrauen. So wie Maria und Josef wissen wir, wem wir gehören. Wir dürfen Gottes Verheißungen trauen. Jeder Lebensweg – egal wie schwer oder schön er ist – mündet im ewigen Gegenüber zu Gott.

Darum können wir uns mit allem, was unser Leben ausmacht, immer wieder ganz in Gottes Hand begeben. Es gilt, was Jesus uns zugesagt hat: *„Siehe ich bin bei euch alle Tage bis an der Welt Ende"* *(Matthäus 28,20).*

Gebet aus Psalm 139

(Verse 1-6,23.24):

HERR, du erforschest mich
und kennest mich.
Ich sitze oder stehe auf, so weißt du es;
du verstehst meine Gedanken von ferne.
Ich gehe oder liege, so bist du um mich
und siehst alle meine Wege.
Denn siehe, es ist kein Wort auf meiner Zunge,
das du, HERR, nicht alles wüsstest.
Von allen Seiten umgibst du mich
und hältst deine Hand über mir.
Diese Erkenntnis ist mir zu wunderbar und zu hoch,
ich kann sie nicht begreifen.
Erforsche mich, Gott, und erkenne mein Herz;
prüfe mich und erkenne, wie ich's meine.
Und sieh, ob ich auf bösem Wege bin,
und leite mich auf ewigem Wege.

2. Januar

Basilius-Tag

In diesen Tagen wird in den Kirchen an Basilius gedacht, heute in den evangelischen und katholischen, gestern in den orthodoxen Kirchen. Ihm war die Einheit der Christen ein besonderes Anliegen. Er war ein großer Lehrer der Kirche und zählt zu den namhaftesten Gestalten der Kirchengeschichte. Er wurde um das Jahr 330 n.Chr. in Caesarea Mazaca, dem heutigen Kayseri (Türkei) geboren, dort starb er auch.

Während seines Studiums wurde in ihm der Wunsch wach, als Mönch zu leben. Diesen Vorsatz setze er danach auch um. Er verschenkte sein gesamtes Vermögen und lebte in Armut und Askese. Diese Haltung gehörte dann auch zu den Regeln des Basilianer-Ordens, den er gründete.

Später wurde er Erzbischof von Cäsarea. In diesem Amt bemühte er sich einerseits sehr um die Einheit der Kirchen, andererseits gründete er ein großes soziales Zentrum mit Hospitälern und Heimen.

Besonders wichtig war ihm, dass Christen sich in das Staatsgefüge einbringen und dieses von innen her prägen. Christen seien berufen, den Staat zu „durchleuchten", so lehrte er. Das Nizänische Glaubensbekenntnis war ihm persönlich sehr wichtig.

Mit 49 Jahren starb Basilius am 1. Januar 379.

Das Nizänische Glaubensbekenntnis

(EG 687)

Wir glauben an den einen Gott, den Vater, den Allmächtigen,
der alles geschaffen hat, Himmel und Erde,
die sichtbare und die unsichtbare Welt.
Und an den einen Herrn Jesus Christus, Gottes eingeborenen Sohn,
aus dem Vater geboren vor aller Zeit:
Gott von Gott, Licht vom Licht, wahrer Gott vom wahren Gott,
gezeugt, nicht geschaffen, eines Wesens mit dem Vater;
durch ihn ist alles geschaffen.
Für uns Menschen und zu unserm Heil
ist er vom Himmel gekommen,
hat Fleisch angenommen durch den Heiligen Geist
von der Jungfrau Maria und ist Mensch geworden.
Er wurde für uns gekreuzigt unter Pontius Pilatus,
hat gelitten und ist begraben worden,
ist am dritten Tage auferstanden nach der Schrift
und aufgefahren in den Himmel.
Er sitzt zur Rechten des Vaters
und wird wiederkommen in Herrlichkeit,
zu richten die Lebenden und die Toten;
seiner Herrschaft wird kein Ende sein.
Wir glauben an den Heiligen Geist,
der Herr ist und lebendig macht,
der aus dem Vater und dem Sohn hervorgeht,
der mit dem Vater und dem Sohn
angebetet und verherrlicht wird,
der gesprochen hat durch die Propheten,
und die eine, heilige, christliche und apostolische Kirche.
Wir bekennen die eine Taufe zur Vergebung der Sünden.
Wir erwarten die Auferstehung der Toten und das Leben
der kommenden Welt. Amen.

3. Januar

Stern über Bethlehem

Johannes Kepler war der Erste, der die Erscheinung des „Sterns über Bethlehem" mit astronomischen Entdeckungen beschreiben und deuten konnte. Im Jahr 1604 beobachtete der schwäbische Forscher, wie sich die Planeten Jupiter und Saturn dreimal näher kamen, umkreisten und anscheinend beieinander stehen blieben. Kepler berechnete, dass solche dreifachen Konjunktionen selten, aber immer wieder vorkommen. Nach seinen Berechnungen auch im Jahre 7 vor Christus. Durch eine dreimalige Annäherung Jupiters an Saturn entstand – von der Erde aus gesehen – über einen Zeitraum von neun Monaten der Eindruck eines hell-leuchtenden Sterns, des „Königssterns". Archäologische Funde in Babylon haben gezeigt: Damals, zur Zeit Jesu, konnten dort Astronomen die Planetenbahnen beobachten; und sie deuteten, was sie sahen: Der Saturn galt als Planet der Juden, Jupiter als Planet des Königtums – das alles im Sternzeichen der Fische, auch dies ein Hinweis auf das jüdische Volk.

So können wir annehmen, dass Sternkundige dies „im Osten", im „Morgenland" beobachteten, und sich darum auf den Weg machten. Sie wollten dem neuen König der Juden die Ehre erweisen. Wann sie die weite Reise begannen, wie lange sie unterwegs waren und wann sie in Bethlehem ankamen, wissen wir nicht. Nach heutigen Berechnungen begegneten sich die Bahnen von Saturn und Jupiter im Zeitraum vom 19. April 7 v. Chr. und 3. Februar 6 v. Chr. Dass Jesus vermutlich im Jahr 7 vor unserer Zeitrechnung geboren wurde, lassen außerbiblische Quellen erkennen.

Die Weisen suchten den neugeborenen König verständlicherweise in Jerusalem im Königspalast. Doch Herodes wusste davon nichts.

Schriftgelehrte wurden herbeizitiert und befragt. Ihre Auskunft: Nach biblischen Prophezeiungen, vor allem aufgrund von Micha 5,1, wird Gott einen neuen großen König der Juden senden, der in Bethlehem geboren wird. Darum zogen die Weisen von Jerusalem nach Bethlehem - und wieder leitete sie der „Königsstern".

Matthäus berichtet, welche Freude das in ihnen auslöste: *„Und siehe, der Stern, den sie hatten aufgehen sehen, ging vor ihnen her, bis er über dem Ort stand, wo das Kindlein war. Da sie den Stern sahen, wurden sie hocherfreut"* (Matthäus 1,9.10).

Stern über Bethlehem, zeig uns den Weg,
führ uns zur Krippe hin, zeig wo sie steht,
leuchte du uns voran, bis wir dort sind,
Stern über Bethlehem, führ uns zum Kind.

Stern über Bethlehem, nun bleibst du stehn
und lässt uns alle das Wunder hier sehn,
das da geschehen, was niemand gedacht,
Stern über Bethlehem, in dieser Nacht.

Stern über Bethlehem, wir sind am Ziel,
denn dieser arme Stall, birgt doch so viel.
Du hast uns hergeführt, wir danken dir,
Stern über Bethlehem, wir bleiben hier.

Stern über Bethlehem, kehrn wir zurück,
steht noch dein heller Schein in unserm Blick
und was uns froh gemacht, teilen wir aus,
Stern über Bethlehem, schein auch zu Haus.

Alfred Hans Zoller (EG 540)

4. Januar

Von Christus wertgeachtet

Alle sind von Christus wertgeachtet, egal ob sie geistig oder körperlich gesund oder behindert sind. Vor Gott hat jeder und jede Würde und Wert. Diese Botschaft war Fritz von Bodelschwingh besonders wichtig. Der 4. Januar 1946 war sein Todestag, darum wird heute an ihn in besonderer Weise gedacht.

Er übernahm nach dem Tod seines Vaters Friedrich im Jahr 1910 die Leitung der Bodelschwinghschen Anstalten in Bethel bei Bielefeld. Er war der jüngste Sohn. Schon von klein an lebte er in Gemeinschaft mit Gesunden und Kranken. Das hat sein ganzes Leben nachhaltig geprägt. Sein Vater hatte 1872 in Bielefeld die Leitung des Diakonissenhauses übernommen. Das angegliederte Pflegehaus für epileptische Kinder baute er immer weiter aus. Epileptiker wurden zur damaligen Zeit als befremdlich oder sogar bedrohlich empfunden. Deswegen wollte er diesen Kindern Heimat im familiären Rahmen bieten. Später erweiterte er sein Hilfsangebot für Nichtsesshafte. Er sah in jedem Menschen dessen Gottesebenbildlichkeit. In diesem Klima der Liebe und Wertschätzung wuchs Fritz von Bodelschwingh auf.

Unter seiner späteren Leitung erfuhr Bethel einen starken Aufschwung. Er steckte viel Energie in die Erforschung der Epilepsie und Möglichkeiten der Heilung. Ebenso erweiterte er das schulische Angebot und die Kapazität der theologischen Schule, das Angebot für Flüchtlinge, Auswanderer und Obdachlose. Er gründete eine Schriftenmission, die bis heute bekannt ist.

1933 wurde er von Vertretern der Evangelischen Kirche zum Reichsbischof gewählt. Er trat aber schon nach 27 Tagen auf Druck der Nationalsozialisten wieder zurück; er wehrte sich gegen die staatliche

Aufsicht über die Kirchen und hielt sich dann zur Bekennenden Kirche. Auch in den Fragen der Euthanasie – der Tötung „lebensunwerten Lebens" – wurde er entschiedener Gegner der Nationalsozialisten und rettete viele geistig und körperlich behinderte Bewohner Bethels vor ihrer Ermordung.

Am 4. Januar 1946 starb er im Alter von 68 Jahren. Er gehört zu den wenigen Persönlichkeiten, die bereits drei Mal auf einer Briefmarke der Deutschen (Bundes-)Post abgebildet wurden.

Von ihm stammt ein Lied, das weithin bekannt geworden ist:

Nun gehören unsre Herzen ganz dem Mann von Golgatha,
der in bittern Todesschmerzen das Geheimnis Gottes sah,
das Geheimnis des Gerichtes über aller Menschen Schuld,
das Geheimnis neuen Lichtes aus des Vaters ewger Huld.

Nun in heilgem Stilleschweigen stehen wir auf Golgatha.
Tief und tiefer wir uns neigen vor dem Wunder, das geschah,
als der Freie ward zum Knechte und der Größte ganz gering,
als für Sünder der Gerechte in des Todes Rachen ging.

Doch ob tausend Todesnächte liegen über Golgatha,
ob der Höllen Lügenmächte triumphieren fern und nah,
dennoch dringt als Überwinder Christus durch des Sterbens Tor;
und die sonst des Todes Kinder, führt zum Leben er empor.

Schweigen müssen nun die Feinde vor dem Sieg von Golgatha.
Die begnadigte Gemeinde sagt zu Christi Wegen: Ja.
Ja, wir danken deinen Schmerzen, ja, wir preisen deine Treu,
ja, wir danken dir von Herzen, ja, du machst einst alles neu.

Fritz von Bodelschwingh (EG 93)

5. Januar

Weihnachten in der Orthodoxen Kirche

In den nächsten Tagen wird in den Orthodoxen Kirchen das Weihnachtsfest gefeiert, das zweitwichtigste Fest nach Ostern. In Ländern wie Serbien, Russland oder Georgien feiern die Christen die Geburt Jesu erst in der Nacht vom 6. auf den 7. Januar (auch die etwa zwei Millionen orthodoxen Christen in Deutschland). Warum ist das so? Orthodoxe Christen richten sich nach dem „julianischen" Kalender. Diesen hatte der römische Herrscher Gaius Julius Cäsar vor mehr als 2.000 Jahren eingeführt. Ende des 16. Jahrhunderts beschloss Papst Gregor XIII. allerdings, den julianischen Kalender zu überarbeiten. So kam es zum „gregorianischen" Kalender, nach dem sich heute fast alle Menschen auf der Welt richten. Doch einige orthodoxe Kirchen feiern die Feste immer noch nach dem julianischen Kalender. Den Heiligen Abend feiern sie auch an ihrem 24. Dezember – aber nach dem gregorianischen Kalender fällt dieser auf (unseren) 6. Januar.

Und wie da gefeiert wird! Prächtig, eindrücklich, voller Kerzen vor der Ikonen-(=Bilder)Wand. Und mit herrlichen, vielstimmigen Hymnen. Die russisch-orthodoxen Gottesdienste sind reich an Liturgie und Gesängen. Während in den evangelischen und katholischen Kirchen mehr Gewicht auf dem Verkündigen und Verstehen des Bibelwortes liegt, geht es im Feiern der orthodoxen Kirchen viel mehr um die Anbetung Gottes in Gesängen und Gebeten.

Während des kommunistischen Regimes wurden ihr immer wieder Einschränkungen auferlegt. So war es nicht erlaubt, öffentlich von Weihnachten und der Geburt des Gottessohnes zu reden. Nikolaus, der auch in der Weihnachtszeit für die Kinder eine wichtige Rolle spielte, wurde von staatlicher Seite zum „Väterchen Frost" erklärt.

Heute kann die russisch-orthodoxe Kirche wieder in Freiheit wirken; die Wunden früherer Jahrzehnte schmerzen aber immer noch.

Gebet aus der orthodoxen Chrysostomus-Liturgie:

Würdig ist es und recht, dich zu besingen,
dich zu preisen, dich zu loben, dir zu danken,
dich anzubeten an jedem Ort deiner Herrschaft.
Denn du bist der unaussprechliche, unergründliche,
unsichtbare, unbegreifliche Gott,
der Immerseiende und Gleichbleibende,
du und dein einziggeborener Sohn und dein Heiliger Geist.
Du hast uns aus dem Nichtsein ins Sein gerufen
und nach dem Fall wieder aufgerichtet;
du hast nicht nachgelassen, alles zu tun,
bis du uns in den Himmel erhoben
und dein künftiges Reich geschenkt hast.
Für dies alles danken wir dir und
deinem einziggeborgen Sohn und dem Heiligen Geist,
für alle uns erwiesenen Wohltaten, die wir kennen
und die wir nicht kennen, die offenbaren und die verborgenen.

6. Januar

Die Weisen aus dem Morgenland – Erscheinungsfest

Mit diesem Tag verbinden sich unterschiedliche Erzählungen. Wie beim 5. Januar beschrieben, feiern manche Kirchen an unserem 6. Januar ihren Heiligen Abend: das „Erscheinen" (griechisch: „Epiphanie") Gottes im Jesuskind. In den katholischen und evangelischen Kirchen wurde im Lauf der Zeit dieser Tag mit anderen Erinnerungen gefüllt: zum Beispiel an die Taufe Jesu oder an das Weinwunder in Kana. Bei uns wird er heutzutage als „Dreikönigstag" gefeiert.

Die Bibel berichtet uns nicht von „Drei Heiligen Königen", sondern von Weisen, Magiern, Sterndeutern aus dem Morgenland. Weil im biblischen Bericht von drei verschiedenen Geschenken der Weisen die Rede ist, nämlich Gold, Weihrauch und Myrrhe, legte Papst Leo I. auch die Zahl der Weisen auf drei fest.

Schon die Propheten des Alten Testaments haben ein solches Geschehen vorausgesehen. Das Prophetenbuch Jesaja 60,3 beschreibt, dass *„Völker kommen"* werden, um anzubeten, dass *„Könige zum Glanz ziehen"*, der über dem Volk Israel aufgeht.

Und so war es ja auch. Weise, Sterndeuter von weither waren zu Herodes gekommen und erwarteten Auskunft. Dieser war zuerst verwundert und dann verunsichert; er ließ die Schriftgelehrten holen. Diese lasen im Prophetenbuch Micha die Vorhersage der Geburt eines neuen Königs der Juden: *„Und du, Bethlehem Efrata, die du klein bist unter den Tausenden in Juda, aus dir soll mir der kommen, der in Israel Herr sei, dessen Ausgang von Anfang und von Ewigkeit her gewesen ist"* (Micha 5,1).

So machten sich die Sterndeuter auf den Weg nach Bethlehem und fanden Jesus. Sie beteten ihn an und brachten ihm ihre Geschenke: Gold, Weihrauch und Myrrhe.

Beim Evangelist Matthäus spannt sich ein Bogen von der Geburt Jesu (da kommen Heiden zum König der Welt) bis zum Ende des Evangeliums, wo Jesus sagt: *„Mir ist gegeben alle Gewalt im Himmel und auf Erden. Darum gehet hin und machet zu Jüngern alle Völker. Taufet sie auf den Namen des Vaters und des Sohnes und des Heiligen Geistes und lehret sie halten alles, was ich euch befohlen habe. Und siehe ich bin bei euch alle Tage bis an der Welt Ende"* (Matthäus 28,18f).

In diesen Tagen sind die Sternsinger unterwegs. Sie gehen von Haus zu Haus und singen Lieder. Mit Kreide schreiben sie über die Eingangstüren die Buchstaben **C+M+B** und fügen die entsprechende Jahreszahl hinzu. C+M+B heißt nicht etwa Caspar, Melchior und Balthasar, wie man oft meint, sondern „Christus Mansionem Benedicat". Das heißt übersetzt: „Christus segne dieses Haus".

Herr Jesus Christus, der du von einer hebräischen Mutter geboren, aber voll Freude warst über den Glauben einer syrischen Frau und eines römischen Soldaten, der du die Griechen, die dich suchten, freundlich aufgenommen hast und zuließest, dass ein Afrikaner dein Kreuz trug: Hilf uns, Menschen aller Rassen als Miterben in dein Reich zu bringen. Amen.

Südafrikanisches Gebet